PRENTICE HALL
WRITING AND GRAMMAR

Spanish Speakers' Handbook

Grade Nine

PEARSON

Prentice Hall

Boston, Massachusetts,
Upper Saddle River, New Jersey

ISBN 0-13-361512-X

1 2 3 4 5 6 7 8 9 10   10 09 08 07 06

Contenido

INTRODUCTION

The *Spanish-Speakers' Handbook* is a companion to the Prentice Hall *Writing and Grammar: Communication in Action* Student Edition and parallels each grade level textbook. It was designed with these objectives in mind:

- Assist the students' comprehension of the explanations, annotations, directions, and examples in the English language textbook
- Provide additional practice in writing and grammar

These goals are achieved through Spanish summaries and translations that give step-by-step support for every chapter in each of the three sections of the textbook: **Writing, Grammar,** and **Academic and Workplace Skills**.

The *Spanish-Speakers' Handbook* includes the following:

◆ Spanish Translations

- Key concepts for quick comprehension
- Grammar explanations
- English directions and examples

◆ Additional Explanations

- Contrasting Spanish and English spelling, punctuation, and capitalization rules to highlight the differences in usage
- Additional notes that clarify concepts and compare or contrast difficult grammar points for Spanish-speaking English learners

◆ Additional Practice and Applications

- A variety of exercises and activities, both in Spanish and in English, which provide additional practice

In short, the Handbook is intended to help Spanish-speaking students that are learning English to acquire essential writing, grammar and work-related skills.

Parte 1

Escritura

CAPÍTULO 1

El escritor en ti

◆ La escritura en la vida diaria

Escribir es una parte importante de tu vida. Si tienes una computadora, probablemente envías y recibes mensajes electrónicos. Probablemente también escribes cartas a familiares y amigos. Como estudiante, también tienes que escribir informes, cuentos, ensayos y otros trabajos.

◆ ¿Por qué escribes?

Escribir te ayudará en la escuela y en muchas profesiones, desde la medicina hasta la mecánica de carros.

◆ ¿Qué necesitas para escribir bien?

Toda buena escritura necesita los siguientes elementos:

- **Ideas** A veces lo más difícil para escribir es tener ideas. La mayoría de las cosas que te interesan —deportes, música, ropa— son una fuente de ideas sobre las que escribir.
- **Organización** Una vez que tienes ideas para un trabajo escrito, debes decidir cómo organizarlas. Si estás contando un cuento, probablemente quieras presentar los detalles cronológicamente, es decir en el orden en que ocurrieron.
- **Voz personal** La voz personal es lo que distingue a tus escritos, por ejemplo, desde el tipo de lenguaje que usas y la forma de ordenar las oraciones y los párrafos, hasta los temas sobre los que te gusta escribir.
- **Selección de palabras** Seleccionar tan cuidadosamente como puedas las palabras que usas al escribir, te ayudará a comunicar lo que quieres decir y atraerá la atención de tus lectores.
- **Oraciones fluidas** En un buen trabajo escrito, las oraciones parecen fluir sin esfuerzo. Las transiciones aclaran cómo una oración se conecta con la que le sigue. Usar una variedad de oraciones y estructuras te permitirá crear un ritmo que atrape al lector.
- **Usos convencionales** Es esencial que un escrito siga los usos aceptados de la gramática, la ortografía y la puntuación del idioma inglés.

◆ Tu desarrollo como escritor

Los escritores experimentan con distintas rutinas y estilos hasta encontrar algo que los ayuda a escribir. Éstas son algunas sugerencias para tu desarrollo como escritor.

Anota tus ideas

Una idea sólo te servirá si la puedes recordar. Anota tus pensamientos y observaciones.

- **Un cuaderno** Muchos escritores profesionales llevan siempre con ellos un cuaderno donde anotan sus ideas, pensamientos, las conversaciones que escuchan —esto es muy bueno para escribir diálogos realistas— y cualquier cosa que atrae su atención.

- **Un diario de escritor** El diario de un escritor puede ser una buena fuente de ideas. Lo que escribes en el diario es privado, por lo que es un lugar donde puedes experimentar cómo escribir.
- **Una libreta de aprendizaje** Con frecuencia, al escribir sobre algo lo entiendes mejor. Anota en la libreta cualquier cosa nueva que hayas aprendido y que quieras recordar o investigar más.

Haz un registro de escritos y lecturas

- **Carpeta** Tener una carpeta también puede ayudarte a mejorar como escritor. En ella puedes guardar tus trabajos, notas y borradores anteriores para volver a leer lo que escribiste en el pasado y evaluar así tu progreso.
- **Diario del lector** Puedes aprender de otros escritores si mantienes un diario en el que anotas cosas que has leído y que te han gustado.

Prueba varios métodos

Éstos son algunos métodos que te pueden ayudar a desarrollar tu propio estilo.

- **Para que empieces a escribir** Hay muchas maneras diferentes para empezar a escribir. Sentarte solo y tranquilo y pensar en algo puede ser una forma. Tal vez prefieras sentarte y mirar la pantalla en blanco de una computadora.
- **Halla ideas** Puedes hallar ideas que te inspiren releyendo tu diario o carpeta de trabajos, escuchando el radio o viendo televisión.
- **Escribe un borrador** Una vez que tengas una idea sobre lo que quieres escribir, tal vez quieras empezar a escribir un borrador, del principio al fin. Otra manera es escribir sobre algunas ideas, dejar de escribir y continuar escribiendo más tarde.
- **Mejora tu trabajo** Tal vez quieras revisar tus oraciones y párrafos, corregir, tachar y volver a escribir mientras trabajas en tu borrador. Otra manera es terminar el borrador y luego tratar de mejorarlo. Pide a un compañero que te ayude a corregir tu trabajo.

Experimenta

No tengas miedo de probar nuevas estrategias de vez en cuando. Presta atención a las técnicas que te ayudan a escribir de forma más efectiva.

◆ Planifica antes de escribir

Tú ya escribes mucho, casi sin darte cuenta. Por ejemplo, cuando le dejas una nota a un compañero de clase diciéndole dónde se van a encontrar después de la escuela, no te preocupas demasiado por las palabras que usas. Sin embargo, escribir un trabajo de investigación, escribir para una prueba o escribir el borrador de una carta importante, pueden ser tareas que te intimiden. Puedes hacer que las cosas te sean más fáciles si organizas la manera en que escribes. Éstas son algunas sugerencias.

- **Elige el lugar apropiado** Elige un lugar donde las interrupciones sean mínimas y donde te sea fácil concentrarte.
- **Prepárate antes** Asegúrate de que tienes todos los materiales que vas a necesitar, como libros de referencia, plumas, papel y tus notas.
- **Administra tu tiempo** Tener que terminar un escrito para una fecha determinada puede fortalecer tu creatividad. Haz un calendario y úsalo para dividir el tiempo que tienes para completar el trabajo escrito. Calcula el tiempo que tienes para completar cada parte del trabajo y establécete fechas intermedias. Mientras trabajas, usa estas fechas intermedias para ajustar tu ritmo de trabajo.

◆ Trabaja con otros

Si crees que escribir es una tarea solitaria, estás equivocado. Muchas veces, trabajar con otros es una parte importante del proceso de escritura.

- **Generación de ideas en grupo** Una excelente manera de trabajar es reunirse con otros para generar ideas en grupo. Mencionen todas las ideas que se les ocurran y dejen que una idea los lleve a otra. No se preocupen si las ideas son buenas o malas y si están relacionadas o no. Anoten todas las ideas que se mencionen. Al revisar tus notas tal vez encuentres buenas ideas sobre las que escribir que no se te hubieran ocurrido solo.
- **Escritura en colaboración y cooperativa** Con frecuencia, los escritores profesionales colaboran para escribir un texto. Tú puedes hacer lo mismo. En la escritura en colaboración, tú y varios compañeros colaboran en un trabajo. Cada uno se ocupa de una tarea específica. Luego, todo el grupo trabaja para unir las partes individuales y completar el proyecto. En la escritura cooperativa, que es mucho menos estructurada que la escritura en colaboración, puedes trabajar con todos los miembros del grupo en todas las partes del proyecto.
- **Compañeros que te evalúan** Durante el proceso de revisión es útil pedir a otra persona que te señale los errores de tu trabajo.

◆ Publica o presenta tu trabajo

Hay pocas experiencias que dan tanta satisfacción como la de saber que tu trabajo ha llegado al público. Trata de publicar tus escritos, ya sea en una página web de estudiantes o enviándolos a algún concurso literario.

◆ Reflexiona sobre lo que escribiste

Para que continúes mejorando como escritor, es importante que reflexiones sobre tus escritos. Estas preguntas pueden ayudarte en tu reflexión. Comenta tus respuestas con un compañero y luego anota tus ideas en tu diario del escritor.

- ¿De qué trabajos te sientes más orgulloso? ¿Qué pueden tener en común?
- ¿Qué trabajos te han satisfecho menos? ¿Qué pueden tener en común?
- ¿Qué aspecto de tu trabajo de escritor te gustaría mejorar más?

CAPÍTULO 2

El proceso de escritura

◆ Tipos de escritura

Con frecuencia, los tipos de escritura se agrupan en **modos**, o géneros, de acuerdo a su forma y propósito. Los trabajos escritos se pueden clasificar en reflexivos o extensos. La **escritura reflexiva** es aquélla en la que tú eliges el tema y la forma. La **escritura extensa** es la que haces cuando te asignan un tema o una variedad de temas. Su objetivo es que la lea un público, por ejemplo, tu maestro.

◆ El proceso de escritura

Éstos son los pasos del proceso de escritura.

- **Antes de escribir** En este paso exploras posibles temas y reúnes los datos que vas a incluir en tu escrito.
- **Hacer un borrador** En este paso escribes tus ideas en un borrador sin hacer correcciones.
- **Revisar** En este paso revisas tu borrador para mejorar su forma y contenido.
- **Corregir** Éste es el paso en el que pules tu escrito, corriges los errores gramaticales, ortográficos y de puntuación.
- **Publicar y presentar** Son los últimos pasos en los que compartes tu trabajo escrito con otros.

El orden de estos pasos puede cambiar. Es posible que comiences a hacer un borrador y te des cuenta de que necesitas reunir más información. O quizás prefieras empezar a escribir sobre un tema y buscar más información luego.

◆ Panorama general

Usa este capítulo para aprender a redactar. Aprende los diferentes pasos en el proceso de redacción de un texto y pon a prueba las estrategias que se ofrecen. En los capítulos siguientes, aprenderás muchas estrategias que puedes usar para redactar textos.

2.1 ¿Qué haces antes de escribir?

Al igual que los ejercicios de precalentamiento que hacen los atletas, antes de sentarte a escribir debes realizar varias actividades.

◆ Elige un tema

Es obvio que no puedes hacer un trabajo escrito si no tienes un tema. Puedes usar una variedad de estrategias para elegir un tema. Ésta es una de ellas.

✍ **Actividad: Escritura invisible** Si no puedes ver lo que escribes, no vas a tratar de corregir errores. Una manera de hacer esto es colocar una hoja de papel carbón entre dos hojas con renglones y escribir con una pluma sin tinta. Escribe sobre lo que te ocurrió ese día, dejando que tus ideas fluyan libremente. Luego de unos diez minutos, lee la copia y decide si algo de lo que escribiste podría ser un buen tema.

◆ Limita tu tema

Aun si eliges un tema muy interesante no podrás escribir bien si el tema es demasiado amplio. Por ejemplo, si eliges el tema "deportes", es muy probable que no puedas incluir en un solo trabajo toda la información sobre ese tema. Pero si lo limitas y te concentras, por ejemplo, en las nuevas reglas del baloncesto, podrás escribir un buen informe. La siguiente es una estrategia para limitar los temas.

✍ **Actividad: Usa una red de planificación** Dibuja una red comenzando con un círculo central. Escribe tu idea principal, el tema o el título del trabajo en el círculo central. Dibuja otros círculos alrededor del círculo central y conéctalos al círculo central con una línea. En cada uno de los nuevos círculos escribe lo que sabes sobre el tema principal o lo que quisieras averiguar sobre él o cualquier pensamiento que te inspire. Cada uno de los nuevos círculos puede generar nuevos círculos o servir como un punto final.

◆ Tu público y tu propósito

Antes de comenzar tu borrador, debes conocer a tu público, es decir, la gente que va a leer tu trabajo. Tanto tu público como tu propósito influirán en las palabras y los detalles que decidas usar.

- **Conoce a tu público** Piensa en la clase de gente que va a leer tu trabajo, sobre lo que pueden saber sobre el tema y el tipo de lenguaje que sea más apropiado para ellos. Por ejemplo, si estás escribiendo un cuento para niños, tanto las palabras como las descripciones deben ser sencillas. Por otro lado, si estás escribiendo un ensayo de admisión para una universidad, debes usar un lenguaje más sofisticado.
- **Conoce tu propósito** Determina qué es lo que quieres lograr con tu escrito. Por ejemplo, tal vez quieras que los lectores acepten tu punto de vista. Ten siempre presente cuál es tu propósito mientras escribes.

◆ Recopila detalles

Debes recopilar la información que necesitas antes de escribir tu borrador. Puedes hablar con la gente, realizar una encuesta o consultar libros para obtener la información.

✍ **Actividad: Usa la estrategia de las cinco W** Cuando los periodistas buscan información sobre un tema, usan una estrategia simple pero efectiva. Hacen preguntas que comienzan con las palabras: **Quién**, **Qué**, **Cuándo**, **Dónde** y **Por qué**. En inglés esta estrategia se llama "estrategia de las cinco w" (*Who?, What?, When?, Where?, Why?*). Puedes usar esta estrategia en distintos medios, como Internet, la biblioteca o en una entrevista.

2.2 ¿Qué es hacer un borrador?

◆ Da forma a tu escrito

- **Concéntrate en el tipo de escritura** Cada tipo de escritura tiene sus propios objetivos: la narrativa cuenta una historia; la persuasiva convence y la expositiva explica algo. Recuerda los objetivos particulares del tipo de escritura que quieres utilizar en tu trabajo.
- **Atrae la atención del lector con una buena introducción** Escribe el primer párrafo de una manera que interese al lector y que lo haga querer seguir leyendo. Comienza con una cita que intrigue, una declaración sorpresiva o una descripción detallada.

◆ Elabora

Concéntrate en elaborar tus párrafos, es decir desarrollar sus puntos clave, dando información y datos completos, ejemplos y detalles. Una estrategia que puedes usar para elaborar los puntos clave es el método SEE.

> **Actividad: Usa el método SEE** El método SEE (del inglés *Statement, Extension, Elaboration*) es una manera sistemática para desarrollar párrafos. Comienza con una oración que diga cuál es la idea principal. Luego, amplía la primera oración, ya sea repitiendo la idea principal con otras palabras o explicando la primera oración.

2.3 ¿Qué es revisar?

◆ Usa una orientación sistemática

Una vez que hayas terminado de escribir, revisa tu trabajo cuidadosamente. Una orientación sistemática de revisión usa el **raciocinio**. Esta palabra se refiere a la habilidad de pensar lógicamente y, cuando se la usa en referencia a un sistema de revisión, se refiere a la manera en que tú puedes aplicar esta manera de pensar para revisar tu borrador. Comienza observando la estructura general de tu escrito y luego observa cada párrafo, oración y palabra. Puedes usar diferentes colores para marcar diferentes partes de tu trabajo.

◆ Revisa la estructura general

Comienza examinando la solidez de la estructura general, es decir la organización general del borrador. Tus ideas deben continuarse lógicamente, del principio al fin del trabajo.

> **Actividad: Destaca las diferentes partes** Para observar la estructura de tu borrador, destaca con un color la oración que dice cuál es el punto principal y también la oración principal al final del borrador. Luego, con otro color, destaca la idea principal de cada párrafo. Evalúa si la progresión de lo que has escrito es sólida, o lógica, y reordena, añade o quita información si es necesario.

◆ Revisa los párrafos

Luego, examina cada párrafo de tu borrador. Considera la manera en que cada oración contribuye al punto principal del párrafo. Mientras evalúas tu borrador, vuelve a escribir o elimina cualquier oración que no sea efectiva.

◆ Revisa las oraciones

Cuando leas las oraciones de tu trabajo, verifica que cada una conduzca a la siguiente de manera natural. Verifica que no todas las oraciones comiencen de la misma manera.

Actividad: Haz una lista con las primeras palabras de cada oración Revisa la lista y reemplaza las palabras repetidas, ya sea cambiando el orden de las palabras o usando otras palabras para que cada oración comience de una manera diferente.

◆ Revisa las palabras usadas

El paso final en la revisión de tu trabajo es analizar las palabras que usaste. Comprueba que cada palabra transmita exactamente el mensaje que tú quieres comunicar.

Actividad: Encierra en un círculo las palabras repetidas Revisa tu borrador y encierra en un círculo todos los sustantivos, verbos, adjetivos y adverbios que hayas usado más de una vez. Luego, decide si quieres reemplazarlos por un sinónimo.

◆ Evaluación de tus compañeros

Una vez que hayas revisado tu borrador, trabaja con un compañero para tener una nueva perspectiva de tu trabajo.

- **Guía al compañero que te evalúa.**
- **Evalúa las respuestas del compañero.**

2.4 ¿Qué es corregir?

No dejes que los errores gramaticales, ortográficos y de puntuación arruinen la efectividad de tu trabajo. Lee cuidadosamente tu borrador para identificar y corregir este tipo de errores.

◆ Concéntrate en leer

En los siguientes capítulos encontrarás categorías específicas en las que concentrarte al leer tu borrador. Si bien debes tratar de concentrarte en una categoría específica por lectura, trata siempre de identificar y corregir todo tipo de errores. Éstas son algunas de las categorías:

- ortografía.
- gramática.
- uso.
- puntuación.
- precisión.
- legibilidad.

> En tu libro de texto en inglés aparece una tabla con los símbolos de corrección de textos.

Usa los símbolos de corrección A medida que lees tu borrador para corregirlo, usa los símbolos que aparecen en tu libro de texto en inglés para marcar las correcciones.

2.5 ¿Qué es publicar y presentar?

◆ Más adelante

Esta descripción, paso por paso, del proceso de escritura te da un panorama general de las estrategias y técnicas que puedes usar al escribir. Los capítulos del 4 al 15 presentan instrucciones más específicas sobre diferentes tipos de escritura y estrategias.

Crea una carpeta Guarda todos tus trabajos en una carpeta, caja, sobre grande o en algún lugar donde estén seguros y organizados. Tu carpeta será el registro de tu desarrollo como escritor. Para poder apreciar este desarrollo, puedes comparar tus trabajos recientes con otros que hiciste hace ya algún tiempo.

Reflexiona sobre lo que escribiste Cada vez que terminas un trabajo escrito, tienes la oportunidad de aprender algo sobre ti mismo, sobre el tema y sobre el proceso de escritura. Las preguntas que aparecen al final de cada capítulo de escritura te ayudarán a pensar sobre lo que has aprendido.

Párrafos y composiciones
Estructura y estilo

◆ ¿Qué son los párrafos y las composiciones?

Un **párrafo** consiste en un grupo de oraciones que tienen un tema común y que, juntas, funcionan como una unidad de expresión. En una **composición,** los párrafos están organizados alrededor de una idea principal.

3.1 Párrafos bien escritos

◆ La idea principal y la oración temática

La mayoría de los párrafos desarrollan una idea principal que se enuncia en la **oración temática** del párrafo. Cuando la idea principal de un párrafo no se enuncia directamente, todas las oraciones del párrafo funcionan juntas para apoyar la **idea principal implícita**.

◆ Escribe una oración temática

Cada oración temática presenta un punto principal dentro de todo tu trabajo escrito. Para escribir un oración temática, revisa los detalles que vas a incluir en tu trabajo.

◆ Escribe oraciones de apoyo

Tu oración temática, ya sea enunciada o implícita, dará dirección a las otras oraciones del párrafo. Estas otras oraciones deben dar suficiente información para apoyar, explicar o desarrollar completamente la oración temática. Puedes apoyar o desarrollar la idea principal usando una de las siguientes estrategias:

- Usa datos.
- Usa datos estadísticos.
- Usa ejemplos, ilustraciones o citas.
- Usa detalles.

◆ Ubicación de la oración temática

La oración temática en la que presentas la idea principal puede estar ubicada en cualquier lugar del párrafo. Puedes ubicarla al comienzo, en el medio o al final del mismo y también puedes no mencionarla específicamente.

Tema, Repetición, Ilustración Si sigues el modelo TRI (Tema, Repetición, Ilustración), "construyes" un párrafo con los siguientes elementos:

- **Oración temática:** Expresa la idea principal.
- **Repetición:** Desarrolla la idea principal (la repites en otras palabras).
- **Ilustración:** Apoya la idea principal con una ilustración o un ejemplo.

3.2 Los párrafos en ensayos y otras composiciones

◆ Uniformidad y coherencia

Mantener la uniformidad

La **uniformidad** en un párrafo o composición demuestra que todas sus partes están relacionadas con una idea única. En una composición uniforme, la idea principal de cada párrafo está relacionada claramente con la idea principal o **enunciado de propósito** de la composición.

Construcción coherente

La **coherencia** demuestra que las oraciones están organizadas en un orden lógico y de una manera que le permite al lector ver las diferentes relaciones entre ellas.

> En tu libro de texto en inglés aparece una tabla de palabras y frases de transición.

◆ Las partes de una composición

"Componer" significa "juntar varias cosas para formar otra". Cuando escribes una composición, juntas oraciones y párrafos de una manera organizada para desarrollar un tema específico. Independientemente del tipo de organización que uses, la mayoría de las composiciones tienen tres partes, o secciones, principales: introducción, cuerpo del texto y conclusión.

Introducción

La **introducción** presenta el tema de la composición, generalmente con una oración llamada **enunciado de propósito**. Además, despierta el interés del lector con un buen **principio** que atrae la atención del lector con una cita interesante, una declaración sorpresiva o una observación singular.

Cuerpo del texto

Los párrafos del **cuerpo** de una composición desarrollan el enunciado de propósito. Proveen datos de apoyo, detalles y ejemplos.

Conclusión

La **conclusión** cierra la composición. Generalmente en la conclusión, el enunciado de propósito se repite y se resumen los detalles que lo apoyan.

◆ Tipos de párrafos

Párrafos temáticos

Un **párrafo temático** es un grupo de oraciones que contiene una oración o idea principal y varias oraciones que apoyan o desarrollan la idea principal.

Párrafos funcionales

Los **párrafos funcionales** sirven un propósito específico. Los párrafos funcionales se pueden usar para los siguientes propósitos:

- **dar énfasis.**
- **indicar un diálogo.**
- **hacer una transición.**

Bloques de párrafos

A veces, una idea principal necesita desarrollarse con una cantidad de información que no puede presentarse en un solo párrafo. Por consiguiente, a veces es posible que tengas que usar varios párrafos para desarrollar una sola idea. Estos párrafos funcionan "en bloque".

3.3 Estilo de escritura

Puedes expresar tu estilo personal de varias maneras: a través de tus ropas, tu corte de pelo, las películas que prefieres y los amigos que tienes. La forma en que escribes también identifica tu estilo. Tu estilo de escritura puede ser afectado por un número de elementos.

variedad en las oraciones

dicción } **estilo de escritura**

tono

◆ Inglés formal y coloquial

Puedes usar un inglés formal o uno coloquial. Usas un inglés coloquial cuando quieres lograr un tono de conversación en tus trabajos escritos y cuando el tema no es demasiado serio. Usas un inglés formal cuando estás tratando temas más serios.

Usa las convenciones del inglés formal

Cuando escribes usando un inglés formal, debes observar las siguientes convenciones:

- No uses palabras de jerga.
- Evita las contracciones
- Usa palabras y gramática aceptadas convencionalmente.

Narración
Escritura autobiográfica

◆ La autobiografía en la vida diaria

A primera vista, la palabra "autobiografía" parece referirse a un tipo de escritura apropiada sólo para gente famosa. Sin embargo, siempre que cuentas una parte de tu vida, estás compartiendo con el lector una narración autobiográfica.

◆ ¿Qué es la escritura autobiográfica?

Cuando escribes una **autobiografía,** estás contando la historia de tu vida. Una escritura autobiográfica incluye:

• una serie de sucesos que tienen como personaje principal al escritor.
• un conflicto que cambia el punto de vista del escritor.
• detalles sobre gente y lugares.
• una revelación basada en los eventos narrados.
• una organización lógica.

◆ Tipos de escritura autobiográfica

Cada tipo de escrito autobiográfico tiene un nombre que refleja su propósito específico.

• Los **bocetos autobiográficos** incluyen información sobre la vida del escritor y sus cualidades personales.
• Las **memorias** se centran en la relación entre el escritor y una persona, lugar o animal en particular.
• Los **ensayos de reflexión, personales** o los **incidentes autobiográficos** comparten una experiencia personal e incluyen los pensamientos del escritor sobre el significado de la experiencia.
• Las **anécdotas** son trabajos cortos, generalmente humorísticos.

4.1 Conexión entre lectura y escritura

Lee el fragmento que aparece en tu libro de texto en inglés.

Estrategia de lectura: Distingue entre hecho y opinión

Cuando lees debes diferenciar entre hechos (lo que se puede probar) y opiniones (lo que se puede respaldar pero no comprobar). Distingue entre los datos de la vida del autor y las opiniones que él se formó con base en esos datos.

Aplicación a la escritura: Incluye hechos y opiniones

Cuando trabajes en el borrador de tu narración autobiográfica, usa una combinación de datos sobre distintos incidentes y las opiniones que te formaste con base en esos hechos.

4.2 *Antes de escribir*

◆ **Elige un tema**

Tu vida está llena de historias. Las siguientes destrezas te ayudarán a seleccionar el tema:

Lista de canciones

Haz una lista de tus canciones favoritas. Anota los recuerdos que te trae cada una de esas canciones. Revisa tu lista y elige una de las ideas para desarrollarla como tu tema.

❖ Escritura cooperativa

Autobiografía de grupo Trabaja con un grupo para escribir una narración de una experiencia común, como una excursión u otro acontecimiento escolar.

◆ **Limita tu tema**

Escribir un relato autobiográfico es como poner un momento de tu vida bajo una lupa y ampliar un momento o evento específico. Limita tu tema para poder describirlo y analizarlo efectivamente. Una manera de limitar tu tema es usar "la escritura invisible".

> ✎ **Actividad: Usa la escritura invisible para limitar un tema** Si no puedes ver lo que escribes, es más probable que puedas escribir más libremente y de forma continuada, concentrándote en tus ideas. Sigue los siguientes pasos para completar un ejercicio de escritura invisible:
>
> 1. Coloca una hoja de papel carbón entre dos hojas de papel con renglones. Usa una pluma con el capuchón puesto. También puedes empezar un nuevo documento en un programa procesador de texto y apagar la pantalla de la computadora.
> 2. Escribe libremente y en forma continuada durante cinco minutos sobre tu tema general.
> 3. Permite que tus pensamientos exploren los límites de tu tema general y anota todas las ideas que se te ocurran.
> 4. Revisa tus notas y encierra en un círculo las ideas que te interesan.
> 5. Limita tu selección de temas, eligiendo un momento, evento o detalle que fue el más memorable o significativo. Usa este tema como centro de tu trabajo autobiográfico.

◆ **Tu público y tu propósito**

Conoce a tu público Tu público es la persona o personas que van a leer tu trabajo. Sus conocimientos y expectativas deben influir en tu trabajo.

Identifica tu propósito Tu propósito es la razón por la que escribes. Observa estos propósitos y sugerencias específicos:

- **Para entretener** Describe situaciones o sucesos que fueron especialmente divertidos.
- **Para reflexionar** Concéntrate en un evento que ya ha ocurrido e incluye información sobre cómo has cambiado como resultado de tus experiencias.

◆ **Recopila detalles**

Una vez que hayas decidido concentrarte en un incidente, recopila detalles para hacer real esa experiencia. Puedes revisar fotografías o diarios personales para buscar detalles para tu trabajo. Tal vez también quieras hablar con familiares o amigos para aprender más sobre los eventos o experiencias que vas a narrar.

4.3 *Hacer un borrador*

Una vez que hayas hecho todo el trabajo previo a la escritura, usa la etapa de preparar el borrador para dar forma a los detalles. Ordena los detalles que has compilado de una manera lógica, que conduzca al momento clave de tu narración.

◆ Da forma a tu escrito

Identifica el punto principal

Identifica el momento clave alrededor del cual organizarás los detalles. Como ayuda para identificar este momento clave, piensa por qué el tema de tu experiencia es memorable o de importancia para ti. Puede que lo sea porque la experiencia te enseñó algo o porque la experiencia cambió la forma en que ves la vida. Hazte las siguientes preguntas:

- **¿Qué he aprendido?**
- **¿Qué quiero que entienda mi público?**

Una vez que hayas identificado el momento clave de tu narración, comienza a organizar los detalles para comunicarlo.

Organiza cómo comunicar tu punto principal

Probablemente quieras organizar los eventos de tu narración en forma cronológica, es decir según el orden en que ocurrieron. Si bien es cierto que tal vez quieras incluir muchas de las cosas que experimentaste, recuerda que no todos los eventos tienen la misma importancia. Mientras revisas los detalles que juntaste, trata de identificar los siguientes elementos literarios e inclúyelos en tu trabajo:

- **Conflicto** Identifica el problema que hace que ocurran los eventos. Presenta el conflicto al comienzo de tu narración.
- **Aumento de tensión** Probablemente ocurran varios sucesos entre la introducción de tu narración hasta que ésta llega a su clímax, o el momento más importante.
- **Clímax** El momento clave de tu narración, el clímax, es el momento en que tú tomas una decisión o tienes una revelación que te hace cambiar lo que piensas de la situación.
- **Conclusión** Luego del clímax, incluye una reflexión que permita entender mejor tu experiencia.

◆ Elabora

Mientras preparas el borrador de tu trabajo, elabora, es decir, da más información para ayudar a tus lectores a entender la importancia de tu experiencia. Da detalles sobre lo que tú pensabas y sentías para permitir que tus lectores vean la experiencia desde tu punto de vista.

4.4 *Revisar*

Acuérdate de revisar tus escritos siguiendo lo aprendido en el Capítulo 2.3:

- **Revisa la estructura general**
- **Revisa los párrafos**
- **Revisa las oraciones**
- **Revisa las palabras usadas**
- **Revisión por compañeros**

> ## La gramática y tu escritura
> ### Pronombres relativos
> Un **pronombre relativo** (en inglés, *who, whom, whose, which* y *that*) comienza una cláusula subordinada y la conecta a otra idea de la oración. Puedes combinar dos oraciones usando uno de estos pronombres como sujeto de la nueva oración. Luego, coloca la nueva cláusula subordinada en la nueva oración para modificar al sujeto. También puedes combinar oraciones colocando uno de estos pronombres al comienzo de una oración.

4.5 *Corregir*

Una vez que hayas terminado de revisar tu narración, lee el borrador para identificar errores ortográficos, gramaticales, de puntuación y para asegurarte de que has usado las mayúsculas correctamente. Trata de que tu borrador no tenga errores.

◆ **Concéntrate en la puntuación**

A medida que lees tu borrador, asegúrate que has usado la puntuación correcta en las oraciones. Busca estos errores específicos de puntuación:

- **Puntuación final** Verifica que el fin de cada oración tiene el símbolo de puntuación correcto.
- **Diálogo** Revisa las reglas para la puntuación de diálogos y asegúrate que las usaste correctamente.
- **Comas** Si bien las comas pueden crear una pausa necesaria, con frecuencia se las usa incorrectamente. Revisa tu borrador para ver si has colocado las comas sólo donde son necesarias.

> ## La gramática y tu escritura
> ### Usa signos de admiración para mostrar emoción
> Recuerda que en español, a diferencia del inglés, los signos de admiración son dobles y se usan al principio y fin de la oración. En inglés usas sólo un signo de admiración al final de la oración para demostrar un emoción fuerte. También lo puedes usar para demostrar que ciertas palabras se dicen en voz alta o con intensidad. Ya sea que la emoción sea entusiasmo, enojo o sorpresa, un signo de admiración da más fuerza a las palabras. Usa los signos de admiración con moderación. Si usas demasiados, disminuirás su efectividad.

4.6 *Publicar y presentar*

Considera compartir tu escrito autobiográfico con un público, grande o pequeño. La siguiente sugerencia te dará dos ideas sobre cómo presentar tu trabajo a otros:

◆ Crea una carpeta

✍ **Actividad: Presenta tu trabajo al periódico o revista escolar** Habla con el editor o un maestro para averiguar cuáles son los requisitos para presentar trabajos en el periódico escolar.

◆ Reflexiona sobre lo que escribiste

Piensa en el proceso que seguiste para escribir tu narración y contesta las siguientes preguntas en tu cuaderno o en tu diario:

- ¿De qué manera es diferente escribir sobre mí mismo que escribir sobre otros temas?
- ¿De qué manera escribir sobre un evento o experiencia cambió mi forma de pensar sobre ellos?

CAPÍTULO 5

Narración
Cuento

◆ Historias de la vida diaria

Las **narraciones** son relatos que escuchas y cuentas cada día. Algunas son ciertas, son historias de **no ficción**. Otras son inventadas o imaginadas, y se las llama historias de **ficción**. El **cuento** es un tipo de ficción que sigue reglas específicas y tiene características propias.

◆ ¿Qué es un cuento?

Un **cuento** es una narración breve. Éstos son algunos de sus elementos.

- Usa detalles de ambientación, es decir, un lugar y tiempo determinado.
- Presenta a un personaje principal.
- Presenta y desarrolla un conflicto que se debe resolver.
- Cuenta una serie de sucesos que constituyen el argumento.
- Plantea un tema.

◆ Tipos de cuentos

Existen varios tipos de cuentos, según la ambientación o el conflicto.

- En los de **misterio** falta información importante que se va revelando a lo largo del cuento.
- En los del **Viejo Oeste** los personajes son vaqueros del oeste de Estados Unidos durante la segunda mitad del siglo XIX.
- Los de **aventuras** crean suspenso al incluir situaciones de peligro como parte del conflicto.

5.1 Conexión entre lectura y escritura

Lee el fragmento literario que aparece en tu libro de texto en inglés.

Estrategia de lectura: Describe indirectamente los personajes
Algunos autores eligen usar un narrador para describir directamente los personajes. Otros autores prefieren describirlos indirectamente.

Aplicación a la escritura: Describe los personajes
Un autor puede revelar la **caracterización** de un personaje en pocas palabras. Cuando escribas un cuento, concéntrate en dar pistas que describan a los personajes.

5.2 *Antes de escribir*

◆ Elige un tema

Las siguientes destrezas te ayudarán a seleccionar el tema.
Comienzos de oraciones
Es muy importante que los comienzos de las oraciones sean interesantes. Trata de comenzar con una oración que lo sea.

> ✍ **Actividad: Haz una lista de actividades interesantes** Para hallar un conflicto sobre el que escribir un cuento, haz una lista de actividades y escribe al lado el conflicto que esa actividad podría crear.

❖ Escritura cooperativa

Narración corta escrita por varios autores Escriban una narración corta entre varios compañeros o compañeras de tu clase. Primero deben hacer un borrador entre todos y después cada uno revisará una parte. Un estudiante puede añadir detalles sobre la ambientación, mientras otro mejora los diferentes personajes. Al terminar el proyecto, reflexionen sobre la experiencia de escribir en grupo.

◆ Limita tu tema

Resume el tema elegido y algún incidente importante en una o dos oraciones.

> ✍ **Actividad: Resume la trama** Si te cuesta resumir la trama, ayúdate tachando aquello que consideres no es lo más importante.

◆ Tu público y tu propósito

Cuando escribas, **piensa en el público** para el que estás escribiendo y ajusta tu vocabulario de acuerdo a él. Antes de comenzar a escribir, tómate un momento para **identificar el propósito** de tu cuento. Considera las siguientes sugerencias:

- Si quieres hacer reír a tus lectores, incluye una situación cómica.
- Si quieres expresar una opinión personal, presenta una situación real.
- Si quieres animar a tu público, presenta personajes que superan dificultades.

◆ Recopila detalles

Da suficientes detalles para que los personajes y el conflicto de tu cuento parezcan reales y tus lectores puedan imaginarse el mundo que creaste.

Conoce los elementos de la narrativa
La mayoría de los cuentos tienen:

- **Personajes** Anota algunos adjetivos sobre cada personaje.
- **Ambientación** Anota detalles sobre la estación del año o el clima.
- **Conflicto** Decide a quién afecta, cuánto dura y cómo reacciona cada personaje.
- **Acción** Identifica los sucesos específicos del argumento. Puedes hacer una línea cronológica para planear qué ocurre primero, después y al final. Decide cómo se intensifica y resuelve el conflicto.

5.3 *Hacer un borrador*

◆ **Da forma a tu escrito**

Elige al narrador

La forma en que el narrador presenta la información influirá en la manera en que reaccionen los lectores.

- **Primera persona** Aquí el narrador es un personaje del cuento. Aunque uses el pronombre "yo", escribir en primera persona no significa que tú seas el narrador.
- **Tercera persona** La tercera persona permite describir los pensamientos y sentimientos de los personajes. Como el narrador no participa en el relato, puede adoptar una perspectiva más objetiva.

◆ **Elabora**

Planifica el sentido general del cuento y luego agrega los detalles para crear una imagen completa para el lector.

Muestra, no digas

Usa las acciones de los personajes, el diálogo y los detalles de la ambientación para mostrar lo que quieres que los lectores imaginen.

5.4 *Revisar*

Acuérdate de revisar tus escritos siguiendo lo aprendido en el Capítulo 2.3:

- **Revisa la estructura general**
- **Revisa los párrafos**
- **Revisa las oraciones**
- **Revisa las palabras usadas**
- **Revisión por compañeros**

La gramática y tu escritura

La voz activa y la voz pasiva

En las oraciones en **voz activa**, el sujeto realiza la acción. En las oraciones en **voz pasiva**, el sujeto es quien recibe la acción.

Usa la voz activa
- para enfatizar a quien hace la acción.
- para crear un relato dinámico.

Usa la voz pasiva
- para enfatizar la acción.
- para disminuir la atención sobre el que realiza la acción o indicar una acción que no se sabe quién realiza.

5.5 Corregir

Revisa la ortografía, puntuación y gramática de tu borrador.

◆ Concéntrate en la puntuación

Recuerda que el **punto final** indica el fin de las oraciones. El **signo de interrogación** identifica el fin de las preguntas. El **signo de exclamación** indica el fin de las exclamaciones. No olvides que el idioma inglés sólo utiliza estos signos al final de las oraciones.

> **La gramática y tu escritura**
> Los diálogos
> Los signos de puntuación de los diálogos hacen saber quién está hablando. Sigue estas reglas de puntuación en los diálogos.
> - **Diálogo que termina la oración** Inserta una coma antes de las comillas y coloca el punto final dentro de las comillas de cierre.
> - **Diálogo que comienza la oración** Inserta la coma, un signo de interrogación o uno de exclamación dentro de las comillas, para que tengan sentido las palabras del que habla.
> - **Diálogo interrumpido por otras palabras** Usa comas para separar las dos partes del diálogo.

5.6 Publicar y presentar

◆ Crea una carpeta

Cuando termines el borrador muéstraselo a tus compañeros

🖌 **Actividad: Ilustra el cuento** Haz ilustraciones que expresen el mensaje y espíritu del cuento. Colócalas y encuaderna tu trabajo.

◆ Reflexiona sobre lo que escribiste

Toma notas sobre el proceso de escritura que usaste y pregúntate:

- ¿Cómo me ayudó escribir el cuento a comprender las técnicas de los escritores?
- ¿Qué elemento me fue más fácil elaborar? ¿Y más difícil? ¿Por qué? Explica tus respuestas.

CAPÍTULO 6

Descripción

◆ La descripción en la vida diaria

Cada vez que cuentas a alguien una experiencia estás describiendo algo. De igual manera, cuando te sientas a escribir un poema, una canción de amor o un informe científico estás usando la descripción. Sin darte cuenta usas la descripción muchas veces por día, al escribir y al hablar.

◆ ¿Qué es la descripción?

Nuestros sentidos nos permiten experimentar el mundo que nos rodea. La descripción es el modo de escritura que usamos para compartir estas sensaciones con otros. Una buena descripción incluye:

- lo que vemos, los sonidos, los olores y los gustos.
- lenguaje vívido que destaca al sujeto o tema.
- lenguaje figurativo que compara el sujeto o tema con otros.
- una organización lógica.

◆ Tipos de escritura descriptiva

Muchas formas de escritura incluyen descripciones, pero otras son puramente descriptivas.

- La **descripción de una persona, lugar o cosa** puede centrarse en el aspecto físico.
- La **descripción de una idea** usa imágenes concretas para mostrar un concepto complicado.
- Una **observación** describe un acontecimiento.
- La **remembranza** de una persona, lugar o cosa recupera una parte importante del pasado del autor.
- Una **viñeta,** es una "pintura hecha con palabras" que describe un momento específico en la vida del autor.

6.1 Conexión entre lectura y escritura

Lee el fragmento que aparece en tu libro de texto en inglés.

Estrategia de lectura: Identifica y evalúa el propósito del autor
El autor incluye un conjunto de detalles para crear una imagen específica de su negocio. Mientras lees, nota los detalles que presenta. Usa esta información para identificar su propósito y luego usa tu respuesta a su trabajo para decidir si el autor logró su propósito.

Al agregar detalles que respaldan su impresión general sobre su negocio, el autor logra un propósito específico (recordar con nostalgia su negocio).

6.2 Antes de escribir

◆ **Elige un tema**

Cuando elijas un tema para describir, considera gente, lugares, cosas y experiencias que te parecen memorables, importantes o especiales.

Observación Por unos días, lleva contigo un cuaderno para anotar. Toma notas sobre la gente, lugares y cosas que te parezcan interesantes.

Actividad: Palabras y objetos evocativos Una sola palabra u objeto pueden despertar muchos recuerdos. Con un grupo, por turno, digan palabras o muestren objetos evocativos. Mientras cada miembro del grupo hace esto, anota cualquier cosa que te venga a la mente. Cuando hayan terminado la actividad, revisa tus notas y elige un tema.

❖ Escritura cooperativo

Folleto de viaje Trabaja en grupo para preparar un folleto acerca de un lugar real o imaginario. Unos compañeros pueden estar a cargo de los aspectos geográficos; otros buscar los lugares de interés; otros más pueden dibujar los mapas o reunir ilustraciones.

◆ **Limita tu tema**

Una vez que hayas elegido un tema, pregúntate si puedes abarcarlo completamente con una breve descripción. Un tema como "el desierto" es demasiado amplio. Es mejor si reduces ese tema al de "cacto". Limitar el tema te permitirá escribir sobre él de una manera coherente y completa.

◆ **Tu público y tu propósito**

Conoce a tu público Conocer el nivel de conocimientos y los intereses de tu público te puede indicar el vocabulario que debes usar y la profundidad y complejidad con que debes tratar el tema.

Identifica tu propósito Si bien lo que escribes es una descripción, tal vez tengas otro propósito en mente. Por ejemplo, puedes escribir para informar a tus lectores acerca de un lugar que ellos no conocen.

◆ **Recopilar detalles**

Para crear una imagen llena de vida de tu tema, usa detalles precisos y concretos. Usar la estrategia del cubo te ayudará a hallar muchos detalles.

Actividad: Usar un cubo para recopilar detalles Construye un cubo con papel. Luego, en cada una de sus seis caras, escribe notas desde cada uno de estos "ángulos":

- **Describe tu tema.** Nota las vistas, sonidos, olores, texturas y gustos que te parezcan importantes.
- **Haz asociaciones.** Anota las palabras o experiencias que tu tema te sugiera.
- **Aplica el tema.** Nota las maneras en que tu tema puede usarse.
- **Analiza el tema.** Descompone al tema en partes y considera cómo estas partes

funcionan en conjunto.
- **Compara el tema.** Identifica otras cosas o ideas que se pueden comparar con tu tema.
- **A favor o en contra.** Toma una posición con respecto a tu tema y respáldala.

6.3 Hacer un borrador

◆ Da forma a tu escrito

Una vez que tengas todos los detalles que necesitas, elige una forma para organizarlos:

Elige una organización adecuada al tema

Organización espacial Para una descripción física de una persona, lugar o cosa, usa la organización espacial. Describe tu tema de arriba a abajo, de derecha a izquierda y del frente a la parte de atrás, o desde afuera, comenzando con su característica más importante.

Orden de importancia Para describir una idea, atrae el interés de los lectores comenzando tu trabajo con el segundo punto en orden de importancia. Luego, habla sobre otros puntos menos importantes y, por último, habla del punto principal o más importante. Para usar este orden, escribe un número junto a cada uno de los detalles, para planear el orden en que los vas a presentar.

◆ Elabora

Concéntrate en dar detalles sensoriales intensos (detalles que correspondan a uno o más de los sentidos). Esto creará una imagen llena de vida en la mente de tus lectores.

Añade lenguaje figurativo

El lenguaje figurativo no se debe tomar literalmente. Éstos son dos tipos de lenguaje figurativo:

- **Símil** Un símil compara una cosa con otra.
- **Metáfora** Una metáfora compara dos cosas diferentes, pero considerándolas similares.

6.4 Revisar

Acuérdate de revisar tus escritos siguiendo lo aprendido en el Capítulo 2.3:

- **Revisa la estructura general**
- **Revisa los párrafos**
- **Revisa las oraciones**
- **Revisa las palabras usadas**
- **Revisión por compañeros**

La gramática y tu escritura

El **punto y coma** puede utilizarse para crear oraciones compuestas al conectar dos oraciones simples. También puede usarse para lo siguiente:
- mostrar una estrecha conexión.
- mostrar un contraste.

Cuando la relación entre las cláusulas no es clara, añade un adverbio de transición o uno de conjunción. Coloca la cláusula inmediatamente después del punto y coma.

6.5 *Corregir*

Verifica cuidadosamente tu trabajo para identificar y corregir errores de gramática, ortografía, puntuación y en el uso de las mayúsculas.

◆ Concéntrate en la concordancia

Mientras lees, presta mucha atención a la concordancia entre sujeto y verbo.

> **La gramática y tu escritura**
> Concordancia entre verbos y pronombres indefinidos
> Los pronombres indefinidos con frecuencia se refieren a personas, lugares o cosas, sin especificar cuáles.

6.6 *Publicar y presentar*

◆ Crea una carpeta

Hay muchas maneras en las que puedes compartir tus trabajos descriptivos. Considera estas estrategias.

Prepara una presentación oral La escritura descriptiva es muy apropiada para ser leída en voz alta.

> **Actividad: Crea una antología ilustrada** Haz una colección de tus descripciones. Incluye al menos una ilustración o fotografía en cada trabajo.

◆ Reflexiona sobre lo que escribiste

Usa estas preguntas como inspiración para escribir una reflexión sobre tu experiencia al escribir tu descripción. Guarda una copia de esta reflexión en tu carpeta de trabajos.

- ¿Cómo cambió tu punto de vista sobre tu tema luego de haber escrito sobre él?
- ¿Qué te gustó más de este tipo de escritura?

CAPÍTULO 7

Persuasión
Ensayo persuasivo

◆ La persuasión en la vida diaria

Cada vez que tratas de convencer a un amigo para ir a ver una película o tratas de convencerlo de que tu banda favorita es la mejor, estás usando tus habilidades de persuasión. Puedes usar la **persuasión** al escribir o hablar para convencer a otros de que acepten un punto de vista o tomen una determinada acción. La persuasión puede decidir la suerte de un acusado en un juicio, causar un cambio en el gobierno y hasta terminar una guerra.

◆ ¿Qué es un ensayo persuasivo?

Un **ensayo persuasivo** es un escrito corto que presenta una posición o punto de vista y que tiene como objetivo convencer a los lectores para que acepten esa posición o de que realicen alguna acción. Un ensayo persuasivo efectivo:

* se ocupa de una cuestión que interesa o es importante para el autor.
* se ocupa de una cuestión que es discutible y sobre la que hay al menos dos opiniones.
* presenta una posición que es apoyada con datos importantes, ejemplos o experiencias personales.
* tiene en consideración el nivel de conocimiento y las cuestiones que interesan al público al que está dirigido.

◆ Tipos de escritura persuasiva

Desde la nota que escribes a un amigo pidiéndole un favor hasta las propuestas que las agencias sin ánimo de lucro usan para recaudar millones de dólares, la escritura persuasiva tiene muchas formas. Éstas son algunas de ellas.

* Las **opiniones editoriales** son las que publican los periódicos para presentar sus puntos de vista sobre un tema actual.
* Los **informes de posición** tienen como propósito influir en cuestiones políticas del momento.
* Los **discursos persuasivos** son presentaciones habladas, frente a un público.

7.1 Conexión entre lectura y escritura

Lee el fragmento que aparece en tu libro de texto en inglés.

Estrategia de lectura: Interpreta la connotación

Presta atención a la **connotación** de una palabra (la manera en que una palabra específica te hace sentir). Mientras lees esta selección, nota especialmente el poder emocional que pueden tener las palabras y la importancia de utilizarlas correctamente.

Aplicación a la escritura: Usa la connotación

Cuando escribas, usa palabras que tengan un impacto emocional en tus lectores. Esto hará más convincente tu trabajo.

7.2 Antes de escribir

◆ Elige un tema

Para escribir un ensayo persuasivo efectivo, considera cuestiones que tengan más de un aspecto y que tengan relación con tu vida. Usa estas estrategias para seleccionar un tema.

Actividad: Temas del momento Ya sea que un atleta profesional tiene problemas fuera del campo de juego o que se haya presentado en el Congreso un nuevo proyecto de ley, las noticias del día casi siempre despiertan controversias. Mira televisión, lee los periódicos o escucha las opiniones de tus amigos y familiares sobre los temas del momento. Luego, identifica los dos lados de varias cuestiones controvertidas y decide qué opinión quisieras argumentar. Observa estos ejemplos.

- **Tema del momento:** Los atletas profesionales como ejemplos de conducta
  A favor: Los atletas profesionales tienen una responsabilidad con su público.
  En contra: Los atletas profesionales, por excelentes que sean, no tienen que ser modelos para nadie, fuera del ámbito deportivo.
- **Tema del momento:** Leyes restringen el uso de Internet.
  A favor: Las restricciones pueden proteger a algunos jóvenes.
  En contra: Las restricciones ponen en peligro la libertad de expresión.

Actividad: Grupo de discusión Reúnete con un grupo de estudiantes o gente de tu comunidad para discutir cuestiones que la gente considera importantes. Con el grupo, haz una lista de los temas que causan más controversia o desacuerdo. Tal vez decidas que una de estas ideas puede ser el tema para un ensayo persuasivo.

❖ Escritura cooperativa

Folleto persuasivo para voluntarios Trabaja en grupo para investigar acerca del trabajo voluntario: sus beneficios tanto para el voluntario como para el beneficiado. Después preparen entre todos un folleto en el que queden destacados los valores del trabajo voluntario.

◆ Limita el tema

Una vez que hayas elegido un tema, piensa en todos los puntos que vas a tener que presentar para convencer a tus lectores. Por ejemplo, si quieres argumentar que se debe proteger a los animales de todo riesgo, tendrás que identificar todos los riesgos que pueden correr los animales. En cambio, si limitas tu tema a algo como "Los aditivos en la comida para perros pueden enfermar a su perro", das más foco a tu trabajo. Limitar el tema a un problema o cuestión específico, te permitirá presentarlo de manera completa.

✎ **Actividad: Usa la conexión entre ideas para limitar el tema** Primero, escribe libremente sobre tu tema durante cinco minutos. Lee lo que has escrito y encierra en un círculo la idea más importante. Escribe durante cinco minutos sobre esa idea. Continúa este proceso hasta que hayas llegado a un tema lo suficientemente limitado para que puedas escribir de manera persuasiva sobre él.

◆ Tu público y tu propósito

Tu propósito al escribir un ensayo persuasivo es convencer a los lectores de que acepten tu posición o que realicen alguna acción. Conocer a tu público y tu propósito es un elemento clave para alcanzar tu propósito.

Analiza a tu público

Los intereses, preocupaciones y actitudes de tus lectores sobre un cierto tema deben dirigir el método que das a tu trabajo. Por ejemplo, si quieres escribir un ensayo persuasivo sobre los beneficios de hacer ejercicios físicos, vas a querer tener en cuenta las características de tu público. Por ejemplo:

TEMA: Hacer ejercicios físicos es beneficioso.

Público: Gente de negocios

Análisis: Gente muy ocupada; tiene poco tiempo libre para hacer ejercicios

Argumentos: Deben estar relacionados con su trabajo.

* Hacer algún tipo de ejercicio físico puede reducir el estrés.
* Hacer ejercicio puede mejorar su concentración en el trabajo.

Público: Gente mayor

Análisis: Creen que los ejercicios van a ser difíciles de hacer.

Argumentos: Presenta ejercicios fáciles de hacer.

* Caminar rápidamente es un buen ejercicio.
* Los ejercicios mejorarán su salud y la calidad de su vida.

◆ Recopilar pruebas

Para escribir un ensayo persuasivo efectivo, tienes que apoyar lo que dices con pruebas convincentes. Para hacer esto debes compilar tantas pruebas como puedas. Considera estas estrategias para hacerlo.

Investiga

Para reunir datos, datos estadísticos y ejemplos, usa fuentes confiables: libros escritos por expertos, relatos de gente con experiencia y fuentes originales, como cartas y discursos. También debes incluir en tu borrador final información bibliográfica, como títulos, autores y fechas de publicación. Mientras realizas tu investigación, tal vez descubras detalles que apoyan una posición opuesta a la tuya. Usa un cuadro T para tomar notas de ambos lados.

✎ **Actividad: Completa un cuadro T** Escribe tu posición sobre el tema en la parte de arriba de una hoja de papel. Luego, dobla a lo largo la hoja para formar dos columnas. En una columna, escribe los datos e ideas que apoyan tu posición. En la otra columna, escribe los argumentos que pueden ser usados en contra de tu posición. Empieza a pensar sobre cómo podrías responder a esos argumentos.

7.3 *Hacer un borrador*

◆ Da forma a tu escrito

Desarrolla un enunciado de propósito

Un ensayo persuasivo se crea alrededor de un **enunciado de propósito**, una declaración que tú vas a demostrar.

Cuando comiences tu borrador, presenta tu tema y enuncia tu propósito. Luego, en el cuerpo del ensayo, presenta los argumentos que apoyan y prueban tu posición. Tus argumentos pueden ser datos, razones y ejemplos que respalden tu posición.

Organiza para enfatizar el mayor punto de apoyo

Cada punto de tu ensayo debe apoyar tu enunciado de propósito, pero algunos detalles son más importantes que otros. Organiza tu ensayo para usar el detalle más importante de la manera más efectiva.

- Presenta tu mejor argumento al final para terminar tu ensayo con fuerza.
- Usa primero el argumento en segundo orden de importancia para lograr un comienzo fuerte.
- Organiza el resto de los detalles en orden de menor a mayor importancia, para preparar la presentación de tu mejor argumento.
- Antes de presentar tu mejor argumento, reconoce a la oposición. Menciona y argumenta en contra de un aspecto conflictivo de la cuestión.

◆ Elabora

Puedes usar una variedad de métodos para elaborar, o desarrollar, tus argumentos. Las siguientes son algunas estrategias que puedes usar.

- **Describe la situación** Usa lenguaje sensorial para ayudar a tus lectores a visualizar el tema de tu ensayo.
- **Muestra las diferencias** Explica cómo tu tema es diferente de otros.
- **Comparte una anécdota** Comparte con tus lectores una historia que pruebe tu posición.

7.4 *Revisar*

Acuérdate de revisar tus escritos siguiendo lo aprendido en el Capítulo 2.3:

- **Revisa la estructura general**
- **Revisa los párrafos**
- **Revisa las oraciones**
- **Revisa las palabras usadas**
- **Revisión por compañeros**

La gramática y tu escritura

Puntuación de cláusulas adverbiales

Tal vez hayas usado en tu ensayo muchas cláusulas adverbiales que muestran la relación entre ideas al decir **cuándo, dónde, cómo, por qué, en qué medida** o **bajo qué circunstancias** (*where, when, how, why, to what extent* or *under what condition*).

- **Relación de tiempo** (cuándo /*when*)
- **Relación de causa y efecto** (por qué/*why*)
- **Relación opuesta** (bajo qué circunstancias/*under what condition*)

Todas las cláusulas adverbiales tienen un sujeto y un verbo y comienzan con una conjunción de subordinación.

Cuando una cláusula adverbial empieza una oración, usa una coma para separarla del resto de la oración. Sin embargo, generalmente no es necesario usar una coma cuando la cláusula adverbial está al final de la oración.

7.5 Corregir

Los errores en tu ensayo pueden reducir su capacidad de persuadir. Comprueba que no tenga errores ortográficos, de puntuación o gramaticales.

◆ Concéntrate en verificar datos

Asegúrate de que la información que has incluido es correcta. Compara tu borrador con las notas que tomaste o con tus materiales de referencia. Comprueba los siguientes detalles.

- **Nombres y fechas** Confirma cómo se escriben los nombres de las personas. Asegúrate de que las fechas que das son las correctas.
- **Datos estadísticos** Presta atención a los números. Es muy fácil invertir su orden.
- **Citas** Verifica las palabras de todas las citas que incluyas.

La gramática y tu escritura
Sigue las reglas para escribir títulos
Comprueba que has seguido las reglas para escribir títulos. Los títulos largos se subrayan o se escriben en cursiva para destacarlos. Además de los títulos de novelas y obras de teatro, también se escriben en cursiva los nombres de periódicos, revistas, películas, pinturas y esculturas. Coloca entre comillas los títulos de trabajos cortos, como poemas, cuentos, ensayos, artículos y canciones.

7.6 Publicar y presentar

◆ Crea una carpeta

Compartir tu ensayo puede tener gran impacto (tus ideas pueden cambiar una ley, inspirar a la gente a cambiar sus costumbres o hacer que tus lectores cambien su opinión de algo). Considera estas ideas.

- **Actividad: Invita a la acción** Organiza una lectura de varios ensayos persuasivos. En grupo, elijan uno de los temas. Hablen sobre cómo iniciar mejoras y luego, ¡pónganse en acción!

- **Actividad: Envía una carta** Pide a un funcionario del gobierno local, estatal o federal que tome acción sobre el tema de tu ensayo. Puedes usar directorios del gobierno para hallar los nombres y direcciones que necesites. Guarda una copia de tu carta y de las respuestas que recibas.

◆ Reflexiona sobre lo que escribiste

Toma un momento para anotar tus ideas sobre tu experiencia al escribir el ensayo. Guarda una copia de tu lista de ideas en tu carpeta. Estas preguntas pueden dirigir tu reflexión.

- ¿Qué has aprendido sobre tu tema?
- ¿Qué estrategia de escritura podrías recomendar a un amigo?

CAPÍTULO 8

Persuasión
Anuncios Publicitarios

◆ Los anuncios publicitarios en la vida diaria

Todos los días te bombardean con anuncios en la radio, televisión, revistas, diarios, trenes, en todas partes. La publicidad usa todos sus medios para que tú leas, escuches y veas los avisos y para convencerte de que compres algo, uses algún servicio o hagas algo. Si alguna vez aceptaste una muestra gratis de alguna comida o te rociaron con perfume en alguna tienda, ya sabes que la publicidad no sólo usa palabras e imágenes, sino que también trata de atraer tu atención a través de los sentidos del olfato y del gusto. Como toda escritura persuasiva, los anuncios tienen que convencer; pero también tienen un propósito más definido: convencer a los consumidores de que compren un producto o usen un servicio.

◆ ¿Qué es un anuncio publicitario?

Un anuncio es producido por una compañía u organización para persuadir al público de que compre un producto o servicio, acepte una idea o apoye una causa. Un anuncio efectivo puede incluir:

- un eslogan fácil de recordar que atraiga la atención del público.
- un llamado a la acción que anime a los lectores a hacer algo.
- detalles que den información práctica, como ser precios, direcciones, fechas y horas.
- un uso meditado de diagramas, imágenes o estilo de impresión.

◆ Tipos de anuncios

Del volante que anuncia a una escuela de música a la campaña electoral por la presidencia de los Estados Unidos, los anuncios se presentan en muchas formas.

- En las **campañas electorales** se usan volantes impresos, carteles y anuncios en la televisión. Su fin es informar y persuadir a los votantes de que elijan a un candidato.
- Los **comerciales informativos** mezclan el formato de un programa de charla y de noticiero con técnicas de persuasión.
- En el **envasado de productos** se aprovecha el envase o envoltura de un producto para persuadir a los consumidores de que lo compren.
- Los **anuncios de interés público** dan información persuasiva para informar al público sobre cuestiones de interés social.

8.1 Conexión entre lectura y escritura

Lee el anuncio que aparece en tu libro de texto en inglés.

Incorpora elementos de diseño
Cuando termines tu anuncio, usa colores, líneas y estilos de letras para comunicar tus ideas.

8.2 Antes de escribir

◆ Elige un tema

Para escribir un anuncio convincente, elige un producto, servicio o acontecimiento. Usa estas estrategias para crear un tema.

    Actividad: Cuadro de productos y servicios En un cuadro, divide tu día en períodos de tiempo lógicos, como ser antes, durante y después de la escuela. Para cada período, haz una lista de los productos y servicios que usas cada día. Revisa tu cuadro para hallar un tema para tu aviso.

    Actividad: Encuesta sobre productos y servicios Realiza una encuesta entre tus compañeros de clase para averiguar qué productos y servicios compran. Desarrolla un cuestionario o dirige una charla de grupo para identificar las marcas de servicios en línea, revistas, bandas, ropa o tiendas. Revisa los resultados de tu encuesta y elige un tema para tu anuncio.

◆◆ Escritura cooperativa

Campaña electoral Con un grupo, elijan un producto o servicio. Desarrollen diferentes anuncios para atraer a públicos específicos. Por ejemplo, un escritor puede crear un anuncio para adolescentes; otro puede diseñar uno para familias y un tercer escritor puede hacer uno para negocios.

◆ Limita tu tema

El tema de tu anuncio debe ser el producto o servicio que has elegido. Sin embargo, necesitarás hallar una manera de que tu producto atraiga la atención del público. Usa la estrategia del cubo para estudiar y limitar tu tema.

    Actividad: Usa un cubo para limitar el tema Usar un cubo te permitirá estudiar tu producto desde seis perspectivas diferentes.

1. **Descríbelo** Explica las características físicas de tu producto.
2. **Haz asociaciones** Muestra cómo tu producto puede hacer que tu público recuerde otras cosas.
3. **Usos** Di cuáles son los usos de tu producto.
4. **Analízalo** Separa tu producto en partes más pequeñas.
5. **Compara y contrasta** Explica en qué se parece y en qué se diferencia tu productos de otros.
6. **Respáldalo** Tradicionalmente la estrategia del cubo se usa para aceptar o rechazar una idea. Sin embargo, también puedes usar esta estrategia para hallar sólo ideas positivas. Luego de haber estudiado tu producto o servicio, revisa la lista y encierra en un círculo los elementos que vas a usar en tu anuncio.

◆ Tu público y tu propósito

Generalmente, los anuncios tienen un propósito predecible: mostrar un producto, servicio o idea de una manera positiva y, de esa manera, animar a los lectores a hacer algo, como comprar, votar o participar en algo. Sin embargo, técnicas específicas de venta pueden atraer a un cierto público y no a otro. Conoce al público al que quieres llegar con tu anuncio y luego crea algo que atraiga su interés.

Correspondencia de público y propósito

Conocer a tu público es un elemento crítico para alcanzar tu propósito. Identifica al público que te interesa, haz una lista de lo que sabes sobre él y luego decide la mejor manera de atraerlo.

◆ Recopilar detalles

Para escribir un anuncio fuerte, apoya tu propaganda con detalles que convenzan a tu público de la calidad de tu servicio, producto o causa.

Vincula público y método

Usa lo que sabes de tu público para compilar detalles que sean persuasivos. Anota ideas que te ayuden a probar que el producto es apropiado para sus necesidades, su estilo de vida, situación económica e intereses. Aquí tienes algunas sugerencias.

Estilos de vida Si la gente a la que quieres alcanzar tiene poco tiempo libre, demuestra que tu producto o servicio es conveniente, ahorra tiempo o reduce el estrés. Si tus lectores quieren tener un poco más de aventura en sus vidas, muéstrales cómo tu producto los puede ayudar a lograrlo.

Situación económica Si estás tratando de alcanzar a un público de gente que vive con un presupuesto ajustado o que quiere ahorrar dinero, enfatiza el costo y el valor de tu producto. Si el dinero no es un problema, tal vez prefieras no mencionar esta cuestión.

Intereses A algunas personas les interesa mucho su nivel social (el prestigio o la importancia que poseer cierto artículo les puede dar). Otras están más preocupadas sobre la manera en que un producto los puede ayudar en los negocios, a mejorar su salud o a alcanzar alguna otra meta. Compila información para responder a los intereses específicos de tu público.

8.3 *Hacer un borrador*

◆ Da forma a tu escrito

Organiza para persuadir

Si bien el número de palabras de un anuncio es mucho menor que el de un ensayo detallado, tus palabras deben comunicar tus ideas y persuadir al público. Asegúrate de tomar en cuenta estos elementos.

Eslogan Un anuncio efectivo tiene como base un mensaje fácil de entender, que capta la atención y es fácil de recordar. Escribe una frase u oración corta que exprese tu idea principal. Usa juegos de palabras o rimas para animar a tu público a informarse sobre tu producto o servicio.

Imágenes Las fotografías e ilustraciones pueden decir más que las palabras. Si es posible, halla una fotografía o ilustración para tu anuncio.

Información de apoyo Incluye detalles de apoyo para interesar a tu público. En alguna parte de tu aviso di a tus lectores dónde pueden hallar más información.

◆ Elabora

Incluye datos

Tu eslogan presenta los razones más importantes para que la gente compre tu producto, pero también es importante incluir detalles que contesten las preguntas básicas de tu público. Incluye en tu anuncio datos informativos sobre qué es tu producto, qué hace, por qué es útil y dónde obtenerlo.

8.4 Revisar

Acuérdate de revisar tus escritos siguiendo lo aprendido en el Capítulo 2.3:

- **Revisa la estructura general**
- **Revisa los párrafos**
- **Revisa las oraciones**
- **Revisa las palabras usadas**
- **Revisión por compañeros**

8.5 Corregir

Asegúrate de verificar la ortografía, puntuación y gramática antes de escribir el borrador final.

Concéntrate en la ortografía

A menos que su intención sea atraer la atención del público, los errores ortográficos disminuirán la efectividad de tu anuncio. Asegúrate de que los nombres de lugares y productos están escritos correctamente.

> **La gramática y tu escritura**
> Usa abreviaturas
> Una abreviatura es la forma corta de una palabra o frase. Generalmente consiste de las primeras letras de la palabra o de las primeras letras de cada palabra de una frase.

8.6 Publicar y presentar

◆ Crea una carpeta

La publicidad tiene como propósito convencer a alguien de que compre tu producto o servicio, apoye tu causa o participe en algo. Usa estas ideas para presentar tu trabajo.

✍ **Actividad: Tablero de noticias** Prepara una exhibición para presentar el talento creativo de tu clase. Junto a cada aviso, incluye unas pocas palabras del escritor que expliquen las ideas del trabajo.

✍ **Actividad: Envía una carta** Si tu aviso es sobre un producto o servicio que ya existe, comparte tu trabajo con la compañía. Puedes buscar su dirección en el envase del producto, en la biblioteca o en la Internet.

◆ Reflexiona sobre lo que escribiste

Piensa y escribe sobre la experiencia de escribir el anuncio. Usa estas preguntas para dirigir tu reflexión escrita. Incluye estas ideas en tu carpeta.

- ¿De qué manera el propósito de tu anuncio se hizo más claro a medida que trabajabas en él?
- ¿En qué se diferencia escribir un anuncio publicitario de otros tipos de escritura?

CAPÍTULO 9

Exposición
Ensayo de comparación y contraste

◆ La comparación y el contraste en la vida diaria

Cuando decides ir a patinar en vez de ir al cine, ponerte o no ponerte un abrigo o pedir un sándwich de pollo en vez de una hamburguesa, estás usando la habilidad de comparar y contrastar. También usas esta habilidad para tomar decisiones más importantes, como dónde vivir, qué estudiar y por quién votar. En todos los casos, consideras dos o más opciones que se parecen en algunas cosas y son diferentes en otras. Al final, tú usas la habilidad de comparar y contrastar para considerar todas las razones y luego tomar una decisión.

◆ ¿Qué es un ensayo de comparación y contraste?

Un **ensayo de comparación y contraste** considera dos o más temas para mostrar sus parecidos y diferencias. Puede describir o explicar, mostrar ventajas y desventajas o persuadir al lector de que aprecie una opción en vez de otra. Un ensayo de comparación y contraste:

- identifica parecidos y diferencias entre dos o más cosas, personas, lugares o ideas.
- da datos reales sobre cada cosa.
- identifica un propósito para comparar y contrastar.
- se ocupa igualmente de cada cosa y organiza la información en una de dos maneras: tema por tema o punto por punto.

◆ Tipos de ensayos de comparación y contraste

El formato de comparación y contraste es apropiado para una variedad de temas. Éstos son algunos tipos comunes de ensayos de comparación y contraste.

- Ensayos sobre acontecimientos o personajes históricos
- Comparación y contraste en diferentes áreas de estudio
- Informes sobre productos para el consumidor

9.1 Conexión entre lectura y escritura

Lee el fragmento que aparece en tu libro de texto en inglés.

Estrategia de lectura: Identifica al público del escritor

Como las revistas se ocupan de muchos temas y deben tener en cuenta los diferentes niveles de conocimientos de sus lectores, tal vez tú no seas el lector que los escritores tenían en mente para algunos de sus artículos. Al leer esta selección, observa cómo el escritor define ciertos términos. Usa tu observación para determinar qué público quería alcanzar el autor de este ensayo.

Aplicación a la escritura: Comunícate con tu público

Mientras preparas tu borrador, define ciertos términos que tu lector tal vez no conozca.

9.2 Antes de escribir

◆ Elige un tema

En realidad, los temas de los ensayos de comparación y contraste son casi ilimitados. Elige dos o más temas que se presten a la comparación, ya sea porque están relacionados de alguna manera o porque presentan aspectos de una misma cosa. Usa las siguientes estrategias.

> ✎ **Actividad: Halla pares relacionados** Explora posibles temas de comparación por oposición (blanco-negro), por similitud (banda de rock - banda ranchera), por relación estrecha (cinta de vídeo - fotografía). Comienza con nombres de personas, lugares, cosas o ideas. Luego, anota algún tema relacionado que te venga a la mente. A medida que preparas tu lista, presta atención a las relaciones que te interesan y luego elige un tema.

> ✎ **Actividad: Haz listas de temas, similitudes y diferencias** Haz una lista de los temas que te interesan, como deportes, música, personas famosas y temas del momento. Haz otra lista de similitudes y diferencias para cada uno de los temas. Revisa tu trabajo y elige un tema.

❖ Escritura cooperativa

Comparación de programas de ejercicios Con un grupo, compara y contrasta los programas de ejercicios de tus compañeros. Un estudiante puede identificar los beneficios de los deportes de equipo; otro puede informar sobre los beneficios de los ejercicios aeróbicos; un tercero puede investigar los beneficios del ejercicio con máquinas. Comparte lo que averiguaste con la clase.

◆ Limita tu tema

Una vez que hayas elegido el tema, considera cuánta información debes dar para desarrollar todos los puntos de comparación y contraste. Algunos temas son tan amplios que no pueden presentarse en un ensayo. Por ejemplo, comparar las ciudades de Nueva York y París puede llevar cientos de páginas. Sin embargo, si limitas el tema a un aspecto específico, como los museos, lugares de interés turístico o sistemas de transporte público, podrás escribir un ensayo de comparación y contraste efectivo.

◆ Tu público y tu propósito

Identifica a tu público

Piensa sobre la gente que quieres que lea tu ensayo de comparación y contraste. Ese público determinará el tipo de información que debes incluir, el tipo de vocabulario que es recomendable usar y el nivel de análisis que es necesario realizar.

Especifica tu propósito

Para identificar un propósito para tu ensayo, considera qué efecto quieres que éste tenga en tus lectores.

- **Persuadir** Si quieres que tus lectores acepten tu opinión acerca de una cosa, tu propósito es persuadir.
- **Explicar** Si quieres que tus lectores entiendan algo sobre el tema de tu ensayo, tu propósito es explicar.
- **Describir** Si quieres que tus lectores sepan en qué se parecen y en qué se diferencian las cosas sobre las que escribes, tu propósito es describir.

◆ Recopilar detalles

Para que tu trabajo sea detallado y concreto, incluye datos, ejemplos, descripciones y cualquier otra información que muestre las similitudes y diferencias entre lo que comparas. Tal vez necesites usar tus propias experiencias, las de tus compañeros o investigar más el tema.

Identifica puntos de comparación Mientras compilas los detalles que vas a incluir en tu ensayo, piensa en los puntos principales que irán en el borrador. Éstos son algunos ejemplos.

Tema: Bolsas de papel y bolsas de plástico en el supermercado

Puntos de comparación: conveniencia, durabilidad, el medio ambiente

Una vez que hayas identificado los puntos principales de comparación, usa esta información para compilar más detalles.

9.3 *Hacer un borrador*

◆ Da forma a tu escrito

Organiza para mostrar comparaciones y contrastes

Una vez que hayas identificado los puntos de comparación, ya habrás organizado en gran parte tus ideas. Luego, piensa en qué orden vas a presentar los detalles. Considera lo siguiente.

- **Organización tema por tema** En este método comparas tus temas como unidades completas. Primero, habla sobre todas las características de un tema, luego sobre todas las características del otro. Asegúrate de presentar las mismas características en ambos temas y de dedicar el mismo tiempo a cada uno.
- **Organización punto por punto** Esta organización te permite pasar de un tema a otro y presentar detalladamente los puntos de comparación. Primero, compara un elemento de los dos temas, luego pasa a otro elemento, y así sucesivamente, hasta haber presentado todos los puntos.

◆ Elabora

Ya sea que tu propósito al comparar y contrastar dos temas sea explicar, describir o persuadir, recuerda dar suficientes detalles para desarrollar todos tus puntos de comparación y contraste. Un buen escritor siempre apoya sus conclusiones con datos.

Apoya las generalizaciones con datos específicos

No señales las diferencias y parecidos entre dos cosas sin incluir datos o información para apoyar lo que dices. Da siempre detalles de apoyo para cada punto de tu borrador.

9.4 *Revisar*

Acuérdate de revisar tus escritos siguiendo lo aprendido en el Capítulo 2.3:

- **Revisa la estructura general**
- **Revisa los párrafos**
- **Revisa las oraciones**
- **Revisa las palabras usadas**
- **Revisión por compañeros**

9.5 Corregir

Lee cuidadosamente tu ensayo para corregir los errores.

◆ Concéntrate en la gramática

La mayoría de los modificadores tienen una forma positiva, una forma comparativa para comparar dos cosas y una forma superlativa para comparar más de dos cosas.

9.6 Publicar y presentar

◆ Crea una carpeta

Considera estas sugerencias para publicar y presentar tu trabajo.

✍ **Actividad: Haz un cartel con fotografías** Con fotografías que enfatizan las comparaciones y contrastes de tu ensayo, crea un cartel que combine tu ensayo con fotos o ilustraciones que apoyen tus ideas.

✍ **Actividad: Publica tu ensayo en línea** Comparte tu ensayo de comparación y contraste con otras personas interesadas en el tema publicándolo en Internet.

◆ Reflexiona sobre lo que escribiste

Piensa en lo que aprendiste al escribir tu ensayo. Luego, escribe tus reflexiones y añádelas a tu carpeta de trabajos.

- ¿Cambiaste de opinión sobre los temas de tu ensayo después de escribirlo? Explica tu respuesta.
- De las estrategias que usaste, ¿cuál te ayudó más?

CAPÍTULO 10

Exposición
Ensayo de causa y efecto

◆ Análisis de causa y efecto en la vida diaria

Desde que somos niños comenzamos a analizar causas y efectos. ¿Qué causa que el sol salga cada día? ¿Por qué los días son más largos en verano que en invierno? A medida que crecemos, las preguntas se vuelven más complicadas o se centran en áreas específicas. Examinar todos los tipos de causas y efectos nos ayuda a entender y apreciar el mundo en que vivimos y nos puede indicar la dirección que tomarán nuestras vidas.

◆ ¿Qué es un ensayo de causa y efecto?

La escritura expositiva informa y explica. Los **ensayos de causa y efecto** son un tipo especial de escritura expositiva que se centra en una acción o serie de acciones que hacen que algo ocurra. Un buen ensayo de causa y efecto tiene los siguientes elementos:

- Una introducción que dice cómo un evento o situación causa otro
- Un análisis de las características de la **causa,** el suceso o condición que produce un resultado específico
- Una explicación del **efecto,** el resultado de la causa
- Datos, información estadística y otros tipos de detalles que apoyan las conclusiones sobre las causas y sus efectos

◆ Tipos de ensayos de causa y efecto

Éstos son algunos tipos específicos de ensayos de causa y efecto:

- Los **informes de laboratorio** dan las causas y efectos de experimentos científicos.
- Los **informes históricos** explican las relaciones entre sucesos históricos.
- Los **artículos sobre la salud** hablan sobre las conexiones entre diversos factores que influyen en nuestra salud, por ejemplo, conexiones entre lo que comemos, herencia, conducta y estilo de vida.

10.1 Conexión entre lectura y escritura

Lee el fragmento que aparece en tu libro de texto en inglés.

Estrategia de lectura: Identifica la idea principal

Mientras lees, trata de identificar las oraciones que hablan de la idea o punto principal que el autor quiere comunicar. Luego, nota cómo los detalles apoyan la idea principal.

Aplicación a la escritura: Desarrolla la idea principal

Cuando escribas un ensayo de causa y efecto debes expresar claramente tu idea principal. Luego, apoya la idea con datos y detalles.

10.2 Antes de escribir

◆ Elige un tema

Un buen ensayo de causa y efecto comienza con un tema que incluye dos sucesos que están claramente conectados. Uno de ellos debe ser la causa del otro. Sin embargo, si las causas y los efectos son muy obvios, el ensayo puede no interesar a los lectores. Éste es un método para hallar un posible tema para tu ensayo.

Temas del momento Lee los titulares de periódicos y revistas hasta encontrar algunos que te interesen. Escribe los titulares en la columna del medio en un cuadro de tres columnas. En la columna de la izquierda escribe las causas. En la columna de la derecha haz una lista de los posibles efectos. Luego, revisa el cuadro y elige un tema.

◆ Escritura cooperativa

Encuesta sobre causas y efectos de actividades Con un grupo, prepara un cuestionario para preguntar a los estudiantes qué hacen fuera de la escuela. Luego, divídanse la tarea de evaluar los resultados. Un escritor puede analizar los factores que influyen en la elección de actividades. Otro miembro del grupo puede estudiar los efectos de esas actividades. Presenten los resultados de la encuesta a sus compañeros.

◆ Limita tu tema

No podrás escribir un ensayo efectivo si tu tema es demasiado amplio. Un tema como el del movimiento por los derechos civiles puede apasionar a muchos lectores, pero este tema tiene tantas causas y efectos que sería imposible analizarlos a todos. Pero si limitas el tema a un aspecto específico, por ejemplo el famoso discurso *"I Have a Dream"*, de Martin Luther King, podrás escribir un informe muy interesante.

Actividad: Haz listas de causas y efectos para limitar el tema

1. Separa el tema en subtemas y haz una lista de ellos.
2. Haz una lista de las causas y efectos de cada subtema.
3. Revisa la lista de subtemas y la lista de sus causas y efectos. Elige un tema para tu ensayo.

◆ Tu público y tu propósito

Define a tu público

Para definir a tu público y ajustar tu trabajo a sus necesidades e intereses usa las preguntas de abajo. Luego, ten en mente las respuestas mientras trabajas en tu borrador.

Perfil de público

1. **Lectores** ¿Quién va a leer tu trabajo?
2. **Nivel de conocimientos** ¿Cuánto sabe ya del tema tu público?
3. **Lenguaje** ¿Qué tipo de lenguaje es el más apropiado para tu público?
4. **Intereses** ¿Qué le va a interesar más al público de tu trabajo?

Identifica tu propósito

El propósito general de un ensayo de causa y efecto es explicar. Sin embargo, tú puedes tener en mente un propósito más específico, como ser convencer a tus lectores de que hagan algo. Una vez que tengas claro tu propósito, piensa cómo influirán el tipo de lenguaje y los detalles que vas a usar.

◆ Recopilar detalles

Probablemente te resulte más fácil escribir tu ensayo si te tomas el tiempo para compilar datos, ejemplos, descripciones, datos estadísticos y otros detalles que puedes usar para aclarar las causas y efectos que quieres describir. No es suficiente decir que un evento causa un efecto determinado, tienes que mostrar cómo sucede.

✍ **Actividad: Usa un organizador de causa y efecto** Puedes hacer un organizador de causa y efecto de la siguiente manera. Escribe en el centro de una hoja de papel el título de tu tema. Arriba del título escribe todas las causas y debajo de él escribe todos los efectos. Si tienes problemas para completar el organizador, debes investigar más el tema.

10.3 Hacer un borrador

◆ Da forma a tu escrito

Elige un método de organización

Los siguientes métodos para organizar información te ayudarán a dar forma a tu trabajo:

- **Orden cronológico** Si describes causas y efectos que ocurren durante un período de tiempo, organízalos en el orden en que ocurrieron.
- **Orden de importancia** También puedes organizar tu ensayo de acuerdo a la importancia de cada idea, acontecimiento o situación que presentes. Comienza con el punto de menor importancia y trabaja de menor a mayor importancia, para terminar con tu punto más importante. Este tipo de organización es muy efectivo cuando estás presentando una serie de efectos con una sola causa.

◆ Elabora

Explica cada causa y efecto de tu borrador con diferentes niveles de datos de apoyo, detalles y ejemplos. Presenta tu tema en el párrafo que abre tu ensayo y di por qué es importante. A continuación escribe una serie de párrafos temáticos (párrafos del cuerpo de tu ensayo que se centran en un subtema específico de tu tema principal).

✍ **Actividad: Usa el método TRI para desarrollar párrafos temáticos** Para desarrollar completamente tus párrafos temáticos usa el método TRI. Sigue estos pasos:

1. Escribe una oración diciendo cuál es tu tema; rotúlalo **T**.
2. Escribe una oración repitiendo tu tema; rotúlalo **R**.
3. Desarrolla tu punto principal por medio de detalles, datos, ejemplos o tu experiencia personal; rotúlalo **I**.

Una vez que te sientas cómodo con este método puedes variar el orden de sus elementos y usar el método **ITR** o **TIR**.

10.4 Revisar

Acuérdate de revisar tus escritos siguiendo lo aprendido en el Capítulo 2.3:

- **Revisa la estructura general**
- **Revisa los párrafos**
- **Revisa las oraciones**
- **Revisa las palabras usadas**
- **Revisión por compañeros**

10.5 Corregir

◆ Concéntrate en la claridad de las oraciones

Para asegurarte de que tus oraciones son claras, comprueba la concordancia de verbo y sujeto, que los modificadores estén ubicados correctamente y que también la puntuación sea la correcta.

- **Concordancia de verbo y sujeto** Halla el verbo y sujeto de cada oración y asegúrate que usaste la forma del verbo que concuerda, o corresponde, a ese sujeto.
- **Puntuación** Verifica que has usado la puntuación correcta en los lugares correctos. Presta especial atención a los signos de puntuación que van delante de las palabras, como los paréntesis y las comillas. Asegúrate de que usaste el signo correcto al final de las oraciones.
- **Ubicación de los modificadores** En la mayoría de los casos, los adverbios y adjetivos deben estar junto a las palabras que modifican.

10.6 Publicar y presentar

◆ Crea una carpeta

Considera estas ideas para compartir tu trabajo:

✍ **Actividad: Publícalo en Internet** Si tu escuela tiene una página web considera publicar tu ensayo allí. Otra posibilidad es buscar otras páginas web relacionadas con tu tema y publicarlo en ellas.

✍ **Actividad: Haz una antología de causas y efectos** Trabaja con compañeros de clase para unir sus ensayos de causa y efecto en una antología de la clase. Diseñen una cubierta, piensen en un título, preparen una tabla de contenido y busquen ilustraciones apropiadas para su antología.

◆ Reflexiona sobre lo que escribiste

- ¿Cuál es la mejor manera de establecer una causa y efecto?
- ¿Qué destreza te será más útil para escribir?

CAPÍTULO 11

Exposición
Ensayo de problema y solución

◆ Análisis de problemas y su solución en la vida diaria

Durante el curso del día encuentras análisis de problemas y soluciones de muchas maneras. En la radio y televisión los anunciadores dan información sobre los problemas del mundo y las maneras en que la gente está tratando de solucionarlos; los diarios tienen secciones de consejos para sus lectores y las librerías tienen muchos libros sobre cómo solucionar problemas. Los problemas pueden ser personales, sociales y hasta internacionales.

◆ ¿Qué es un ensayo de problema y solución?

Los **ensayos de problema y solución** son trabajos escritos que identifican y explican un problema y luego ofrecen una posible solución. Usualmente incluyen lo siguiente:

- la presentación del problema, suficientemente detallada, con puntos que la apoyan.
- una posible solución.
- datos, detalles y datos estadísticos que explican el problema y cómo resolverlo.
- una organización lógica de la información.

◆ Tipos de escritura de problema y solución

Las soluciones de los problemas se pueden presentar en una variedad de formas. Además de los ensayos, los siguientes tipos de escritura pueden ocuparse de problemas y ofrecer soluciones.

- Las **cartas de sugerencias** se usan a veces para ofrecer soluciones a problemas sociales. Generalmente, están dirigidas a la persona o grupo que tiene el poder de implementar la solución.
- Las **secciones de consejos** en periódicos ofrecen soluciones a problemas personales específicos.
- Los **memorandos y propuestas** se usan para sugerir soluciones a problemas que afectan a negocios y organizaciones.

11.1 Conexión entre lectura y escritura

Lee el fragmento que aparece en tu libro de texto en inglés.

Estrategia de lectura: Identifica los puntos de apoyo

Los escritores tienen que apoyar las ideas que presentan. En un ensayo de problema y solución se deben explicar los problemas para que los lectores entiendan la situación. Mientras lees esta selección trata de identificar los puntos que usa el autor para apoyar su posición.

Aplicación a la escritura: Apoya ideas

El autor de este ensayo apoya sus ideas con datos estadísticos, comparaciones y otros detalles. Para que tu ensayo resulte mejor escrito, incluye información suficiente para explicar tus sugerencias.

11.2 *Antes de escribir*

◆ Elige un tema

Asegúrate de elegir un tema para el que puedas ofrecer una solución realista.

> ✎ **Actividad: Lee los titulares de los diarios** Busca en los diarios artículos sobre problemas en una comunidad. Haz una lista de los problemas para los que podrías ofrecer soluciones prácticas. Elige un problema como tu tema.

❖ Escritura cooperativa

Volantes sobre problemas de estudio Con un grupo, crea volantes que ofrezcan soluciones a los problemas de estudio más comunes. Algunos estudiantes pueden entrevistar a compañeros para identificar los problemas, otros pueden ofrecer soluciones y otros pueden ocuparse de diagramar el volante.

◆ Limita tu tema

Asegúrate de que tu tema no sea demasiado complejo. Limita el tema para poder ofrecer una solución realista. Usa la siguiente actividad para lograrlo.

> ✎ **Actividad: Usa un blanco** Haz un dibujo de tres círculos concéntricos, es decir uno dentro del otro, como un blanco de tiro. En el círculo de afuera escribe el nombre del problema. Luego, para limitar el tema, escribe en el círculo del medio de qué manera te afecta ese problema. Por último, escribe una solución práctica en el círculo del medio.

◆ Tu público y tu propósito

Identifica a tu público

Cuando escribas un ensayo de problema y solución, no te olvides para quién escribes: los lectores que pueden implementar tus sugerencias. Usa los detalles y el vocabulario apropiados para ese público.

Expresa tu propósito

Di cuál es tu propósito en una sola oración y usa este propósito para dirigir tu trabajo.

◆ Recopilar detalles

Una vez que hayas determinado cuál es tu público, compila los detalles necesarios para escribir tu ensayo de problema y solución.

Analiza el problema Dedica tiempo a anotar la información que te va a ayudar a aclarar el problema. Define la cuestión, explica porqué está ocurriendo, di a quién afecta y da cualquier otra información que ayude a los lectores a entender el problema.

Explica la solución Antes de escribir, reúne tanta información como puedas sobre la solución que vas a sugerir. Toma nota de lo que va a costar, indica qué pasos se deben tomar, considera las complicaciones que pueden aparecer e indica las ventajas de tu idea.

11.3 *Hacer un borrador*

◆ **Da forma a tu escrito**

Tu ensayo de problema y solución debe identificar y desarrollar claramente dos ideas: debe decir en qué consiste el problema y ofrecer una solución realizable. Para hacer esto usa un tipo de organización que te permita mostrar la conexión entre ideas.

Elige una organización apropiada

Estudia estos dos métodos de organización. Luego, observa la información que vas a presentar y decide qué método es el más apropiado para ti.

Organización punto por punto Para mostrar que tu solución puede resolver un problema con muchos aspectos, usa la organización punto por punto. Usa este método si puedes separar el problema en sus diferentes partes. Si lo puedes hacer, explica cada parte del problema y la solución para esa parte específica.

Método de bloque Esta forma de organización te permite explicar detalladamente el problema y luego explicar completamente la solución que sugieres. Es especialmente útil si quieres presentar la solución paso por paso.

◆ **Elabora**

A menos que seas un experto en el tema, tus lectores no aceptarán inmediatamente tu solución. Debes demostrarles con datos, ejemplos, anécdotas, datos estadísticos, experiencias personales y de otras personas, que tu solución puede funcionar y que es la mejor de todas las propuestas.

Usa ejemplos y anécdotas Según el tema que elijas, puedes tomar ejemplos de estudios ya realizados o de experiencias personales. Los ejemplos ayudarán a tus lectores a formarse imágenes claras e importantes del problema, como también de la solución que propones.

Ubicación de los puntos de apoyo Busca lugares donde un ejemplo o anécdota ayuden a aclarar tus puntos de apoyo o a persuadir a tus lectores. Si no tienes disponible ese material, búscalo y añádelo a tu trabajo.

11.4 *Revisar*

Acuérdate de revisar tus escritos siguiendo lo aprendido en el Capítulo 2.3:

- **Revisa la estructura general**
- **Revisa los párrafos**
- **Revisa las oraciones**
- **Revisa las palabras usadas**
- **Revisión por compañeros**

La gramática y tu escritura

Crea oraciones complejas

Una **oración compleja** tiene una cláusula independiente y una cláusula subordinada unidas por una conjunción de subordinación.

Al combinar dos cláusulas independientes, identifica una relación entre las ideas y usa una conjunción de subordinación para crear una oración compleja. De esta manera puedes mostrar

- comparación y contraste.
- causa y efecto.

Usa comas para separar una cláusula subordinada al comienzo de la oración del resto de la oración. No uses comas si la cláusula está al final de la oración.

11.5 Corregir

Revisa tu borrador para corregir la ortografía, la puntuación y la gramática.

◆ Concéntrate en cada punto y coma

Revisa tu trabajo para asegurarte de que has usado el punto y coma correctamente. Los puedes usar para lo siguiente:

- **Separar cláusulas independientes que están relacionadas.**
- **Separar los elementos de una serie cuando son largos o complicados.**

> ### La gramática y tu escritura
> La puntuación de oraciones compuestas
> Las oraciones compuestas están formadas por dos cláusulas independientes. Puedes separar estas cláusulas con una coma o con un punto y coma.
> - La **coma** debe estar seguida por una conjunción de subordinación.
> - El **punto y coma** se puede usar solo, sin conjunción, para unir dos cláusulas independientes y formar así una oración compuesta. Puede, o no, estar seguido por una conjunción de subordinación.

11.6 Publicar y presentar

◆ Crea una carpeta

Para que tu ensayo de problema y solución sea realmente útil compártelo con otras personas. Considera lo siguiente.

✍ **Actividad: Envía una carta** Si tu ensayo se ocupa de un problema público, envíaselo a alguien que pueda poner en práctica tus ideas. Envíalo al departamento o agencia del gobierno apropiado o a una organización. Guarda una copia de tu carta, junto con las respuestas que recibas, en tu carpeta.

✍ **Actividad: Haz un manual de soluciones** Si tu ensayo se ocupa de problemas personales, por ejemplo cómo administrar el tiempo de estudio, haz copias de tu trabajo para dar a la gente.

◆ Reflexiona sobre lo que escribiste

Reflexiona en lo que aprendiste al escribir este ensayo. Escribe las respuestas a estas preguntas y guárdalas en tu carpeta.

- ¿Qué aprendí acerca del problema sobre el que escribí?
- ¿De qué manera un ensayo de problema y solución se parece y se diferencia de otros tipos de escritura?

CAPÍTULO 12

Investigación
Informe

◆ La investigación en la vida diaria

Tu curiosidad con frecuencia te hace investigar temas de una manera no metódica (cuando hablas con un veterinario sobre una raza específica de perros, cuando ves un documental sobre tu artista favorito o cuando usas tu computadora para leer el pronóstico del tiempo estás investigando algo). Cuando investigas un tema de una manera metódica, las habilidades de investigar y de organizar te ayudarán a consultar más fuentes de referencia, convertirte en un experto sobre cierto tema y compartir tus conocimientos con otros.

◆ ¿Qué es un informe?

Los informes son una presentación escrita de la información que has compilado de diversas fuentes sobre un tema específico. Un informe bien escrito tiene los siguientes elementos:

- un enunciado de propósito claramente expresado.
- datos de apoyo obtenidos de varias fuentes, que incluyen citas y la mención de sus orígenes.
- una estrategia de organización clara.
- una bibliografía o lista de trabajos consultados durante la investigación.

Tipos de informes

Los informes pueden ser de diferentes tipos. Éstos son algunos.

- Los **informes de laboratorio** registran los propósitos, procesos y resultados de un experimento.
- Las **bibliografías anotadas** ayudan a los investigadores al darles una lista de recursos relacionados con un tema. Además de indicar la fuente de un material, como el título, autor y fecha de publicación, el investigador evalúa el material.
- Los **ensayos documentados** son versiones cortas de informes de investigación. Debido a que sólo incluyen un número limitado de fuentes, estos ensayos presentan, entre paréntesis, documentación completa dentro de su texto.
- Los **documentales** usan vídeos, fotografías, entrevistas y narración para presentar los resultados de una investigación.

12.1 Conexión entre lectura y escritura

Lee el fragmento que aparece en tu libro de texto en inglés.

Estrategia de lectura: Evalúa las ideas del escritor

Frecuentemente, los datos se pueden interpretar de más de una manera. Por ejemplo, un escritor puede decir que lo que un líder cree o hace, prueba una generalización, mientras que otro puede usar la misma información para sacar una conclusión diferente. Mientras lees esta selección evalúa si el autor ha interpretado correctamente la información que obtuvo al investigar el tema.

Aplicación a la escritura: Apoya tus ideas principales

Al escribir tu informe de investigación, presenta conexiones claras entre tus ideas para que el análisis sea claro y convincente para los lectores.

12.2 Antes de escribir

◆ Elige un tema

Cuando te prepares para escribir tu informe elige un tema que te vaya a interesar durante el tiempo que le dediques. Además de comprometerte con el tema, asegúrate de que hay suficiente información disponible sobre él. Para hallar un tema considera una de estas estrategias.

Actividad: Generar ideas por categorías Identifica un área general que te interese y genera ideas para una lista de categorías más limitadas. Por ejemplo, del área general de ciencias, puedes pasar a la categoría de inventos, tecnología e investigadores. En cada una de estas categorías puedes limitar aún más la lista. Revisa tu lista para elegir un tema a investigar.

Actividad: Lista de 24 horas Haz una lista de tus actividades, ideas y cosas que sean parte de tu vida durante 24 horas. Piensa en una pregunta que te gustaría investigar para cada punto de tu lista. Anota las ideas y considera todas las posibilidades de investigación que se te ocurran. Elige una para tu informe.

❖ Escritura cooperativa

Avances tecnológicos Con un pequeño grupo, genera ideas para identificar los avances tecnológicos más importantes de los últimos años. Consideren los inventos que hicieron avanzar la medicina, las comunicaciones y el transporte. Asignen a cada miembro del grupo un avance específico para que lo investigue. Reúnan sus informes en una antología.

◆ Tu público y tu propósito

Analiza tu público

El grado de conocimiento que tenga tu público sobre el tema te ayudará a determinar el nivel de investigación que debes hacer y el nivel de información que debes presentar. Si el público no sabe nada del tema, debes describir tus ideas en términos generales y definir las palabras técnicas, o sustituirlas por otras. Cuando escribas para el público en general, da cierta cantidad de información y define todas las palabras técnicas. Si escribes para un público de expertos en el tema, usa los términos técnicos con más libertad, definiendo sólo las palabras que creas que puedan desconocer.

Identifica tu propósito

Tu propósito determina los detalles que vas a incluir en tu informe y también los puntos de apoyo que vas a enfatizar. Éstos son tres propósitos comunes para los informes de investigación y algunas sugerencias para ayudarte a alcanzarlos.

- **Persuadir** Incluye apoyo de expertos reconocidos. Da detalles que convencerán a tus lectores para que acepten tu posición.
- **Distinguir** Usa un vocabulario que dé una impresión favorable y comunique las mejores características del tema.
- **Mostrar causa y efecto** Incluye evidencias que establezcan relaciones lógicas de causa y efecto.
- **Concordancia entre propósito e investigación** Para aprovechar mejor el tiempo que dediques a tu investigación, haz una lista de los tipos de información que vas a necesitar para lograr tu propósito.

◆ Recopilar información

Consulta libros, enciclopedias, revistas, Internet y otras fuentes para hallar la información que necesitas.

Ubica fuentes de información

Puedes hallar fuentes de información específica en un catálogo, en Internet o en estas fuentes más especializadas.

- **Índices** Consulta el índice *Reader's Guide to Periodical Literature* para localizar artículos específicos publicados en diarios y revistas.
- **Bases de datos** Usa las bases de datos para hallar las fuentes apropiadas a cada tipo de investigación.

Toma notas sistemáticamente

A medida que encuentres la información, toma notas de manera eficiente. Esto te ayudará al escribir tu informe y a crear una lista de referencias. Usa lo siguiente.

- **Tarjetas de referencias** Para cada fuente de información, prepara una tarjeta para anotar la información que vas a necesitar. Anota el título, autor, editorial y el lugar y fecha de publicación de la referencia. Asigna un número a cada referencia y usa este número para vincular las tarjetas de referencia con las tarjetas de notas.
- **Tarjetas de notas** Usa tarjetas de notas para registrar datos específicos. Coloca sólo un dato por tarjeta y dale una categoría para identificar la información. Cuando copies una cita, copia las palabras cuidadosamente. Indica también el número de la página donde hallaste la información.

12.3 Hacer un borrador

◆ Da forma a tu escrito

Cuando hayas reunido suficiente información para tu informe piensa en cómo la vas a organizar. Comienza preparando un enunciado de propósito.

Prepara un enunciado de propósito

Un enunciado de propósito eficaz expresa una idea que se puede apoyar con la investigación. Para preparar el enunciado revisa tus notas de investigación y halla una idea que puedas apoyar con la información que hallaste. Asegúrate de que has limitado suficientemente tu propósito como para desarrollar todas las ideas. Luego, usa el propósito para guiar tu trabajo. Si encuentras que las ideas cambian según escribes, deberás también cambiar el enunciado de propósito.

Elige una organización

Usa tu enunciado de propósito y lo que sabes del público para elegir una estrategia de organización. Considera estas estrategias.

1. Orden cronológico
- Presenta los sucesos en el orden en que ocurren.
- Es ideal para informar sobre la historia de un tema.

2. Orden de importancia
- Presenta los detalles en orden creciente o decreciente de importancia.
- Es ideal para persuadir al público o para desarrollar tus puntos de apoyo.

3. Comparación y contraste
- Presenta similitudes y diferencias.
- Es ideal para tratar más de un tema.

Escribe un esquema

> **Actividad: Reseña con números romanos** Luego de haber elegido un tipo de organización, prepara una reseña que sirva como guía para un borrador. Numera cada uno de los subtemas con números romanos, asigna una letra mayúscula a cada uno de tus puntos de apoyo principales y un número arábico a cada detalle de menor importancia.

◆ Elabora

Usa varias fuentes

Si bien tu voz personal o estilo debe integrar todas tus ideas, apóyalas con datos estadísticos, ejemplos, detalles y citas que hayas encontrado en tu investigación. Considera lo siguiente:

- **Haz referencia a las fuentes** Puedes usar uno de estos tres métodos para incorporar la información que tienes.
- **Citas** Cuando uses palabras textuales de un autor, encierra entre comillas todo lo que dijo o escribió. Si por razones de claridad eliminas palabras de una oración larga, asegúrate de que el cambio no modifique el sentido de la cita. Recuerda mostrar que has eliminado palabras insertando puntos suspensivos entre paréntesis (...).
- **Paráfrasis** Esta técnica consiste en repetir ideas de un autor con tus propias palabras. Puedes decir en tus propias palabras una oración o todo un párrafo.
- **Resumen** Puedes incluir la información que encontraste resumiéndola o presentando sólo las ideas principales.
- **Incorpora elementos visuales** Para que tu informe sea más fácil de entender, considera usar una representación visual. Por ejemplo, puedes usar lo siguiente.
- Los **cuadros** pueden resumir la información.
- Las **gráficas** pueden mostrar comparaciones o indicar crecimiento o reducción durante un período de tiempo.
- Los **mapas** pueden mostrar varios temas, como las características geográficas, zonas de guerra y poblaciones.

Presenta las referencias en un contexto

Si presentas la información que hallaste en tu investigación dentro de un contexto harás tu trabajo más fluido y fácil de leer. Primero, presenta la información y luego introduce la cita o el elemento visual. Finalmente, explica cómo la información apoya tus ideas para completar el contexto.

Reconoce las fuentes

Cuando decides usar una cita, presentar una idea que no es tuya o dar un dato que sólo aparece en una fuente, debes documentar, es decir, dar información sobre el origen de este material. Al escribir, encierra en un círculo todas las ideas y palabras que no sean tuyas. Al lado de cada elemento marcado con un círculo indica entre paréntesis el nombre del autor y el número de la página donde aparece la información.

12.4 Revisar

Acuérdate de revisar tus escritos siguiendo lo aprendido en el Capítulo 2.3:

- **Revisa la estructura general**
- **Revisa los párrafos**
- **Revisa las oraciones**
- **Revisa las palabras usadas**
- **Revisión por compañeros**

La gramática y tu escritura
El punto y coma

Usa el punto y coma para unir las cláusulas independientes y formar así oraciones compuestas. El punto y coma enfatiza la estrecha relación entre las cláusulas.

Para crear una oración compuesta usa el punto y coma para separar las cláusulas principales. Si estás añadiendo una transición que muestra un efecto, coloca la palabra de transición después del punto y coma. Usa una coma para separar la transición de la segunda parte de la oración.

12.5 Corregir

◆ Haz una lista de referencias

Tu informe debe documentar las fuentes de información. Un informe con mención de páginas da información sobre cada fuente que mencionas en tu escrito. En cambio, un informe con bibliografía da una lista completa de los trabajos que consultaste. En ambos casos, la información está ordenada alfabéticamente por nombre de autor, y para los trabajos sin autor conocido, por título.

◆ Concéntrate en las citas

Presta atención a las reglas para incluir citas en los trabajos.

- Cuando la cita consiste en pocas palabras o en una parte de una oración asegúrate de que el material citado concuerda gramaticalmente con el resto de la oración.
- Cuando uses una cita de tres o más líneas, sepárala del resto del trabajo dejando un espacio a la izquierda y otro a la derecha, y no uses comillas.

12.6 *Publicar y presentar*

Ésta es una sugerencia para presentar tu trabajo.

Actividad: Organiza un panel de discusión Si varios de tus compañeros han escrito sobre temas similares organiza un panel o grupo de discusión para comparar los trabajos. Los autores pueden resumir su investigación antes de comenzar la discusión sobre el tema y de contestar las preguntas del público.

◆ Reflexiona sobre lo que escribiste

Usa estas preguntas para guiar tu reflexión.

1. ¿De qué manera escribir el informe de investigación cambió tu opinión sobre el tema?
2. ¿Qué fue lo mejor y lo peor de la experiencia? Explica tu respuesta.

CAPÍTULO 13

Respuesta a la literatura

◆ Respuesta a la literatura en la vida diaria

¿Has leído alguna vez un poema o cuento que no podías sacarte de la cabeza? Tal vez uno de los personajes te gustó mucho y otro nada. También puede ser que un final te haya sorprendido o que otro te haya desilusionado. Quizás te haya gustado el estilo de un autor, pero no te haya interesado demasiado el argumento de su novela. Todas éstas son diferentes maneras de responder a la literatura. Para ampliar tu experiencia como lector, habla sobre tus ideas con un amigo o familiar y compara tus respuestas a la literatura con tus compañeros de clase.

Además de tener una reacción personal hacia las obras literarias, es posible que a veces te encuentres analizando la eficacia de un aviso, el poder de persuasión de un discurso o el realismo del guión de una película. En todos los casos estás usando habilidades de respuesta crítica.

◆ ¿Qué es un ensayo de respuesta a la literatura?

Cuando escribes un **ensayo de respuesta a la literatura,** expresas el qué, cómo y por qué de la reacción que causa en ti un trabajo literario. Un ensayo de respuesta a la literatura hace lo siguiente:

- Analiza el contenido de una obra literaria, las ideas relacionadas o el efecto de la obra en el lector.
- Se centra en un aspecto singular de la obra o presenta un panorama general.
- Se apoya en evidencias tomadas del mismo texto para apoyar las opiniones del autor del ensayo.
- Usa una organización lógica para comunicar claramente las ideas.

◆ Tipos de ensayos de respuesta a la literatura

Hay muchas maneras en las que puedes compartir tu respuesta a la literatura. Éstas son algunas de ellas.

- Las **interpretaciones literarias** muestran cómo se combinan los elementos literarios de un trabajo para crear un efecto general.
- Las **reseñas críticas** presentan una evaluación de una obra literaria usando evidencias del texto para apoyar las opiniones del crítico.
- Los **estudios de personaje** analizan las acciones, creencias, conductas y motivaciones de un personaje.
- La **comparación de trabajos literarios** compara dos o más escritos. Pueden considerarse dos obras de un mismo autor, las obras de dos autores o examinar un mismo elemento literario en varios trabajos.

13.1 Conexión entre lectura y escritura

Lee el fragmento que aparece en tu libro de texto en inglés.

Estrategia de lectura: Evalúa una opinión

Las reseñas críticas presentan la opinión del crítico que las escribe. Cualquiera que sea la opinión del crítico sobre una obra, siempre debe incluir datos y ejemplos tomados de la misma para apoyar su opinión. Primero, identifica la opinión del autor de la selección. Luego, para decidir si estás de acuerdo con él, busca, en orden, la evidencia mencionada para apoyar su opinión.

Aplicación a la escritura: Apoya tu opinión

A medida que escribas tu ensayo de respuesta a la literatura, apoya tus ideas y opiniones con detalles tomados de la selección que prueben los puntos tratados.

13.2 Antes de escribir

◆ Elige un tema

Elige una selección que te haya afectado por alguna razón.

Libros premiados Haz una encuesta entre los compañeros de clase para averiguar cuáles son sus libros favoritos. Puedes limitar el tema de la encuesta preguntando cuáles son los libros con los personajes más interesantes, cuáles tienen los argumentos de mayor suspenso o cuál es la escritura más descriptiva. Entre los miembros de la clase, decidan qué libros merecen ser premiados en estas categorías. Compara tus libros favoritos con los premiados y elige un tema para tu ensayo.

❖ Escritura cooperativa

Comparación de trabajos literarios Trabaja en grupo para identificar varios cuentos que tengan un tema, ambientación o conflictos similares. Divídanse la tarea de analizar cada cuento de acuerdo a estas categorías. Reúnan sus ensayos en una carpeta.

◆ Limita tu tema

Para presentar a tus lectores un ensayo eficaz limita el ángulo del tema a un solo punto.

Considera seis elementos literarios para limitar tu tema.

Podrás limitar tu tema si escribes sobre estos seis puntos específicos.

- **Argumento** Resume la selección.
- **Ejemplos personales** Anota las experiencias personales que te sugiera la selección.
- **Tema** Identifica el tema o la generalización sobre la vida que se presenta.
- **Análisis** Presenta alguna evidencia tomada de la selección para apoyar el tema elegido.
- **Ejemplos literarios** Toma notas de otras obras con tema similar.
- **Evalúa** Expresa tu opinión sobre la selección.

◆ Tu público y tu propósito

Luego de limitar el enfoque de tu respuesta, piensa en el formato que le vas a dar. Por ejemplo, si escribes una presentación para la obra <u>Romeo y Julieta</u> a un público que no conoce la obra, incluye información general y un resumen. Pero si lo que quieres es escribir una reseña crítica para tus compañeros de clase, no necesitas escribir una introducción extensa. En su lugar, incluye tus opiniones y apóyalas con detalles de la obra. Conoce a tu público y propósito para determinar el nivel de la información que debes presentar.

Analiza a tu público

Usa las siguientes preguntas para identificar a los lectores a los que quieres llegar. Anota las respuestas y úsalas como guía para dirigir el lenguaje y los detalles a usar.

- ¿Han leído esta obra?
- ¿Qué les va a interesar?
- ¿Cuánto saben ya del tema?
- ¿Qué tipo de lenguaje debo usar?

Analiza tu propósito

Ya sea que estés escribiendo un ensayo de respuesta a la literatura, interpretando el trabajo de un nuevo escritor que hayas descubierto o tratando de lograr otra meta, usa el lenguaje y los detalles que te ayuden a lograr tu propósito. Considera lo siguiente:

- **Para elogiar** Incluye detalles concretos para apoyar tu entusiasmo por el trabajo.
- **Para analizar** Apoya tu interpretación con evidencias tomadas del texto.
- **Para mostrar una respuesta personal** Haz clara la conexión entre tus ideas, opiniones o experiencias y la obra que te ocupa.

◆ Recopilar detalles

Halla detalles para apoyar tu posición

Para respaldar tus puntos, compila detalles, pasajes y citas de la obra. Identifica las ideas principales que quieres transmitir y luego vuelve al trabajo con un objetivo de investigación: hallar la evidencia que apoye tu posición.

> **Actividad: Usa tarjetas de datos** Prepara una serie de tarjetas y escribe en la parte de arriba de cada tarjeta uno de tus puntos principales. Debajo del punto escribe notas sobre los detalles que lo apoyan. Usa estas sugerencias para compilar detalles sobre elementos literarios:

- **Personajes** Cuando analices un personaje, halla alguna evidencia que muestre sus acciones, creencias y motivaciones. Anota también otros detalles, como la forma en que los demás personajes se relacionan con el que tú has escogido.
- **Ambientación** Para interpretar la ambientación busca palabras que describan el tiempo, el lugar y la atmósfera.
- **Vocabulario** Examina el nivel del lenguaje y del vocabulario de la obra. Evalúa también la connotación de las palabras usadas por el autor.
- **Sonoridad** Cuando analices poesía, presta atención a las rimas, al ritmo y a las repeticiones. Nota los usos del lenguaje figurativo, como el símil o la metáfora.

13.3 Hacer un borrador

◆ Da forma a tu escrito

Desarrolla un enunciado de propósito

Tu borrador debe expresar claramente la idea principal o propósito que quieres desarrollar. Revisa las notas que tomaste antes de escribir y busca una idea general que reúna todas las ideas que tuviste y los puntos de apoyo que has compilado. Escribe esto en una sola oración, tu enunciado de propósito, para guiarte al escribir.

Organiza tus ideas para apoyarlas

Presentar tus ideas de manera organizada ayudará a tus lectores a seguir tus pensamientos e ideas.

Introducción Luego de un comienzo inspirado que atraiga la atención del público y que se vincule a las ideas principales, tu introducción debe lograr lo siguiente:

* Indicar el título e identificar al autor del trabajo.
* Expresar tu propósito.
* Ofrecer un resumen del trabajo literario.

Tu respuesta a la literatura debe ser una de evaluación o de análisis, por lo que debes evitar prestar demasiada atención a tu resumen. La extensión del resumen debe ser la apropiada para satisfacer a tu público.

Párrafos del cuerpo El desarrollo de tu enunciado de propósito es la parte principal de tu ensayo. Para desarrollarlo, presenta varias ideas de apoyo. Introduce cada idea con un nuevo párrafo y luego usa los detalles de la misma selección para apoyar cada idea.

Conclusión Tu conclusión deber repetir tus ideas principales, expresar una recomendación o tu opinión final.

◆ Elabora

La escritura no es interactiva como la conversación, por lo que debes ayudar a tus lectores presentándoles tus puntos elaborados, es decir desarrollados.

Incluye referencias para apoyar tu propósito

Usa citas del trabajo sobre el que escribes para apoyar tus puntos. Considera estas sugerencias para hacer esto:

* **Citas** Incluye citas para mostrar la actitud de un personaje, las palabras que elige usar un escritor o un argumento del ensayo.
* **Ejemplos** Usa un ejemplo de un elemento literario específico para mejorar tu análisis del estilo de un escritor.
* **Paráfrasis** Para desarrollar el tema de una selección, habla sobre el conflicto, analiza al personaje o repite en tus propias palabras las ideas clave de la selección.

13.4 Revisar

Acuérdate de revisar tus escritos siguiendo lo aprendido en el Capítulo 2.3:

* **Revisa la estructura general**
* **Revisa los párrafos**
* **Revisa las oraciones**
* **Revisa las palabras usadas**
* **Revisión por compañeros**

La gramática y tu escritura

La concordancia en oraciones inversas

En una oración inversa, el verbo está adelante del sujeto. Sin embargo, el sujeto y el verbo deben concordar como en una oración común. Algunas palabras como *near* (cerca), *here* (aquí) y *there* (allí-allá) al comienzo de una oración con frecuencia indican que la oración es inversa.

13.5 Corregir

Los lectores disfrutan más al leer un ensayo sin errores y prestan más atención a las ideas presentadas.

◆ Concéntrate en la ortografía

Una estrategia efectiva para revisar la ortografía es leer bloques de texto del principio al fin. Sigue estas sugerencias:

- **Revisa las palabras "problema"** A medida que añades escritos a tu carpeta de trabajos, prepara una lista de las palabras en las que cometes errores de ortografía con más frecuencia. Ten a mano esta lista y revisa estas palabras en tu borrador. Usa un diccionario para verificar la ortografía correcta.
- **Verifica los nombres** En tu borrador hay por lo menos dos nombres, el título de tu selección y el nombre de su autor. Asegúrate de que estos nombres y los nombres de lugares estén escritos correctamente.

La gramática y tu escritura
Evita errores comunes al usar homófonos
Los homófonos son palabras que suenan igual que otra palabra pero tienen un significado diferente. Usa un diccionario para identificar la ortografía y significado de los homófonos en los que tengas dudas.

13.6 Publicar y presentar

Conocer las reacciones que causa tu trabajo en otras personas te ayudará a ampliar tu comprensión de la respuesta a la literatura.

◆ Crea una carpeta

✍ **Actividad: Exhibir en la biblioteca escolar** Habla con el bibliotecario para exhibir en la biblioteca los ensayos de respuesta a la literatura de tu clase junto con los libros que los inspiraron.

✍ **Actividad: Grupos de lectores** Las librerías y bibliotecas con frecuencia organizan grupos de lectores para hablar sobre obras literarias. Participa en uno de esos grupos y propone leer tu ensayo al grupo.

◆ Reflexiona sobre lo que leíste

Piensa sobre tu experiencia al escribir el ensayo y escribe tus reflexiones. Usa estas preguntas como guía:

- ¿Qué descubrí sobre la literatura mientras escribía el ensayo?
- ¿Si pudiera empezar el proceso de nuevo, qué haría diferente? ¿Por qué?

CAPÍTULO 14

Escritura para evaluación

◆ La evaluación en la escuela

Para asegurarse de que entiendes y usas correctamente la información y habilidades que te enseñan, tus maestros con frecuencia evalúan tus conocimientos. Las pruebas, ensayos, informes orales, informes de laboratorio y de investigación son diferentes formas de evaluar tu progreso. Además de ayudarte a dar un enfoque a tus estudios, la evaluación te da la oportunidad de obtener notas más altas y de mostrar lo que sabes.

◆ ¿Qué es la evaluación?

Tú ya debes saber que los ensayos de prueba son una de las formas más comunes de la **escritura para evaluación.** En estas pruebas debes usar los conocimientos que adquiriste en clase. Un buen ensayo de prueba incluye lo siguiente:

• una respuesta directa a la pregunta de la prueba.
• un enunciado de propósito o idea principal claramente expresado y apoyado.
• información específica sobre el tema, obtenida en la clase o en tus lecturas.
• una organización clara.

◆ Tipos de evaluación

Los temas de una prueba dependen de las materias que estás estudiando. Sin embargo, los ensayos frecuentemente incluyen tipos de escritura que tú ya conoces. Éstos son algunos ejemplos:

• **Explicar un proceso**
• **Apoyar una posición**
• **Comparar y contrastar**
• **Mostrar causa y efecto**

14.1 Antes de escribir

◆ Elige un tema

En algunos ensayos de prueba te asignan un tema, en otros tienes la oportunidad de elegir un tema de varios. Es muy importante que no pierdas tiempo al elegir tu tema. **Considera tus conocimientos** Decide qué preguntas te va a llevar menos tiempo contestar. Para mantener tu concentración, identifica los temas que has repasado más recientemente. Trata de hacer una lista de detalles específicos para cada tema. Si puedes pensar en varias ideas en poco tiempo para uno de los temas, pero sólo en unas pocas para otro, elige el primer tema.

Identifica tus puntos fuertes Tal vez tengas que usar habilidades específicas de escritura, por ejemplo, quizás tengas que analizar, predecir o explicar. Halla una pregunta que puedas contestar empleando tus puntos fuertes y para la que puedas dar datos que apoyen tu respuesta.

Escribe una sola oración Elige un tema para el que puedas desarrollar una sola idea principal. Por ejemplo, si una pregunta es de respuesta abierta, es decir si puedes elegir un suceso, personaje o tema para contestarla, decide primero cuál de estas opciones vas a elegir. Luego, identifica en una sola oración la idea principal que vas a desarrollar. Después, considera si puedes escribir un ensayo con base en esa única oración.

◆ Limita tu respuesta

✍ **Actividad: Encierra en un círculo las palabras clave para identificar tu propósito** Mientras te preparas para escribir tu ensayo, encierra en un círculo las palabras clave y toma notas que te ayuden a interpretar las instrucciones para hacer la prueba. Presta atención a los verbos, sustantivos y frases importantes en las preguntas. Hay ciertos verbos específicos que te dicen cuál debe ser el objetivo de tu ensayo de respuesta. Éstos son algunos ejemplos:

- **Analizar:** Examinar cómo varios elementos contribuyen a un todo.
- **Describir:** Presentar las características principales y dar ejemplos de un tema.
- **Comparar y contrastar:** Decir en qué se parecen y en qué se diferencian dos o más temas.
- **Apoyar:** Apoyar una generalización con datos y ejemplos.
- **Explicar:** Aclarar un tema presentando causas y efectos, dando detalles.
- **Criticar:** Apoyar tu posición dando ejemplos tomados de un escrito.

14.2 Hacer un borrador

◆ Da forma a tu escrito

Elige un enfoque

Luego que hayas elegido un tema, desarrolla un enfoque para tu ensayo. Considera el tipo de escritura que vas a hacer y escribe el borrador de un propósito que responda directamente a la pregunta. Usa estas sugerencias:

- **Exposición** Desarrolla un enunciado de propósito para responder a la pregunta. Para ensayos de problema y solución, de causa y efecto o de comparación y contraste, formula tu enunciado de propósito de tal manera que refleje lo que se quiere lograr con estos tipos de trabajos.
- **Persuasión** Elige una posición para defender e identifica el apoyo que vas a usar para defenderla.
- **Respuesta a la literatura** Identifica tu propósito en una sola oración, por ejemplo, analizar a un personaje o la ambientación o comparar dos trabajos.

Planifica la estructura

Esquema rápido Cuando prepares un esquema de tu ensayo, divídelo en tres partes: introducción, cuerpo y conclusión.

La **introducción** debe expresar tu propósito. El **cuerpo** de tu ensayo debe presentar al menos dos puntos principales que apoyen tu propósito, o idea principal. La **conclusión** debe repetir la respuesta a la pregunta del ensayo y resumir los puntos más importantes del cuerpo.

◆ **Elabora**

La prueba de tus conocimientos está en los detalles que usas. Para demostrar que
conoces bien tu tema, incluye detalles de charlas o lecturas en la clase.

Apoya tu propósito con detalles específicos

Cualquiera que sea tu propósito, necesitas incluir detalles específicos para apoyar tu
respuesta. Considera desarrollar tus ideas con estos tipos de elaboraciones:

- **Datos, fechas y nombres** Siempre que puedas, da datos para hacer más concreta tu
  respuesta.
- **Ejemplos específicos** Da ejemplos específicos para probar tu posición.
- **Explicaciones** No es suficiente decir que un personaje cambia. Explica cómo cambia o
  muestra las experiencias que causan el cambio.
- **Citas o paráfrasis** Probablemente no puedas citar pasajes largos de memoria, pero
  parafrasear o añadir citas que sabes de memoria pueden dar más vida a tu escrito.

14.3 Revisar

Acuérdate de revisar tus escritos siguiendo lo aprendido en el Capítulo 2.3:

- **Revisa la estructura general**
- **Revisa los párrafos**
- **Revisa las oraciones**
- **Revisa las palabras usadas**
- **Revisión por compañeros**

14.4 Corregir

◆ Concéntrate en corregir errores

Debido a que en una prueba tienes que escribir rápidamente, es posible que cometas
errores ortográficos, gramaticales o de puntuación. Revisa tu borrador y presta especial
atención a lo siguiente:

- **Construcción de la oración** Asegúrate de que cada oración exprese una idea completa.
  Presta atención a las cláusulas subordinadas que tienen una puntuación de oraciones
  completas. En esos casos, añade palabras para hacerlas verdaderas oraciones.
- **Ortografía** Revisa y corrige tu trabajo si tiene errores ortográficos.
- **Legibilidad** Si notas que algunas palabras son difíciles de leer, vuelve a escribirlas con
  más cuidado.

14.5 Publicar y presentar

◆ Crea una carpeta

Luego que recibas tu ensayo ya calificado, guárdalo en tu carpeta de trabajos. Considera
estas sugerencias para que te siga siendo útil:

✐ **Actividad: Organiza un grupo de estudio** Compara tus respuestas con las de tus
compañeros. Esto los ayudará a repasar lo que aprendieron durante el año.

✐ **Actividad: Prepárate para otras pruebas** Usa tu ensayo como material de estudio.
Observa la nota que sacaste y los comentarios de tu maestro. Esto te ayudará a
mejorar tus notas en otras pruebas.

◆ Reflexiona sobre lo que escribiste

Reflexiona un momento sobre tus puntos fuertes y también sobre las áreas que debes mejorar al hacer las pruebas. Escribe tus ideas y guárdalas en tu carpeta. Usa estas preguntas para guiar tu reflexión:

- ¿Cuál es la estrategia que usaste en este ensayo y que más te podría ayudar en futuras pruebas?
- ¿Qué parte encuentras más difícil en un ensayo de prueba?

CAPÍTULO 15

Escritura en el trabajo

◆ La escritura en el trabajo y en la vida diaria

Cuando envías una nota de agradecimiento a un vecino que te hizo un regalo o cuando llenas un solicitud de ingreso a un club deportivo, estás usando un tipo particular de escritura: la escritura en el lugar de trabajo. Los empleados de oficina, estudiantes, personas de negocios y las oficinas del gobierno utilizan este modo de escritura para comunicarse importante información y trabajar juntos, sin que importe la distancia que los separa. Las habilidades de la escritura en el lugar de trabajo te permitirán tener éxito en la escuela y conseguir trabajo, enviar reclamos a compañías, invitar gente a acontecimientos importantes y también transmitir mensajes urgentes para resolver problemas de tu comunidad.

◆ ¿Qué es la escritura en el trabajo?

La escritura en el lugar de trabajo puede tener muchas formas, cada una de ellas apropiada para una situación específica. La forma de escritura que uses en un trabajo dependerá de tus tareas y de los lugares en los que trabajes. A pesar de sus diferencias, la escritura en el lugar de trabajo generalmente consiste en un trabajo escrito, con base en datos y que comunica información específica a los lectores, en un formato estructurado que la mayoría de la gente reconoce. La escritura en el lugar de trabajo efectiva hace lo siguiente:

- Comunica la información y el mensaje de una manera clara, directa y breve.
- Se centra en temas clave y responde por anticipado las preguntas de los lectores.
- Refleja el esfuerzo del autor para ser exacto y ordenado.

◆ Tipos de escritura en el trabajo

Desde los comentarios que escribe tu maestro en el margen de tu informe de prueba hasta la solicitud que tienes que llenar para trabajar en la biblioteca pública, la escritura en el lugar de trabajo forma parte de tu vida diaria. Esta escritura puede tomar varias formas, tanto electrónicas como impresas, y cada una tiene públicos y propósitos particulares. Éstos son algunos formatos comunes:

- Las **cartas comerciales** tienen como propósito comunicar información o tratar de una gran variedad de cuestiones.
- Las **minutas de reuniones** son un registro escrito de las decisiones y planes discutidos en una reunión. Son útiles para los que estuvieron presentes en las reuniones y toda otra persona interesada en lo que se decidió o planificó en ellas.
- Los **formularios y solicitudes** son impresos que se deben completar dando información específica para un propósito particular, como ser hacer compras en la Internet o conseguir un trabajo.

15.1 *Carta comercial*

◆ ¿Qué es una carta comercial?

Las cartas comerciales son el ejemplo más común de la escritura en el lugar de trabajo. Cualquiera sea el tema del que trate, una carta comercial efectiva tiene los siguientes elementos:

- Está compuesta por seis partes: encabezamiento, dirección del destinatario, saludo, cuerpo, cierre y firma.
- Sigue uno de los siguientes formatos: en bloque, en el que cada parte de la carta comienza en el margen izquierdo; y en bloque modificado, en el que el encabezamiento, el cierre y la firma están separados del margen izquierdo por un espacio.
- Usa un lenguaje formal y respetuoso, cualquiera sea el contenido de la carta.

Las seis partes de una carta comercial

1. El encabezamiento da el nombre y dirección de la compañia u organización que remite, o envía la carta. También indica la fecha en que fue escrita.
2. La dirección interior indica la dirección del destinatario, es decir a quién se envía.
3. El saludo está seguido por dos puntos. Cuando no se conoce a la persona que va a recibir la carta se usa la frase: *To Whom It May Concern* ("A quien corresponda").
4. El cuerpo de la carta expresa el propósito del escritor.
5. El cierre es el final de la carta y consiste en un saludo respetuoso.
6. La firma es el nombre del escritor y se escribe a mano y, para aclararla, también se escribe a máquina o en computadora.

Antes de escribir Si es posible, averigua el nombre de la persona que va a recibir tu carta. Luego, anota la información que quieres comunicar. Identifica tu punto más importante y preséntalo inmediatamente luego del comienzo de la carta. Esto aumentará la probabilidad de que tu carta tenga una respuesta favorable.

Hacer un borrador Para tu borrador, usa un tono formal y da al lector toda la información que necesite.

Revisar Como tu carta debe presentar y ocuparse de un tema, comprueba que el tema y el punto principal estén claramente expresados en el primer párrafo. Revisa los detalles para asegurarte de que los has usado de una manera efectiva, añadiendo los que sean necesarios y eliminando los que no lo sean.

Corregir Observa con cuidado el formato de tu carta. Comprueba, sin que te queden dudas, que has escrito correctamente el nombre de la persona y que el nombre de su negocio y su dirección también son los correctos. Corrige los errores gramaticales, ortográficos y de puntuación.

Publicar Escribe tu carta a mano, a máquina o en una computadora, en una hoja de papel de medidas estándar. La puedes enviar por correo electrónico o por correo regular. Si la envías por correo regular, colócala en un sobre que tenga tu nombre y dirección y el nombre y dirección de la persona que la va a recibir.

15.2 Minutas de reuniones

¿Qué son las minutas de reuniones?

Cuando la gente se reúne para discutir diferentes cuestiones, es importante mantener un registro escrito de lo que ocurre en la reunión. Las minutas de reuniones cumplen esa función. Estos documentos deben cumplir estas funciones:

- Dar una lista de las personas que estuvieron en la reunión y decir la fecha, hora y lugar donde tuvo lugar la reunión.
- Dar una lista de los temas que se discutieron y resumir de manera objetiva los diferentes puntos de vista de la gente.
- Dar una lista de las acciones que se decidió tomar y de las personas que las van a hacer.

Las minutas

- El título identifica claramente al grupo que se reúne y la fecha ayuda a los lectores a seguir el adelanto de proyectos específicos.
- Las minutas comúnmente se organizan en dos secciones: temas ya tratados en reuniones anteriores y temas nuevos. En cada sección el autor da un título al tema y brevemente resume lo dicho en la reunión.
- Frecuentemente se usa la letra en negrita y el subrayado para hacer más fácil la lectura.

Antes de escribir Antes de escribir minutas, ve a una reunión, anota los nombres de los participantes y toma notas precisas de lo que ocurre. A medida que se tratan diferentes temas, identifica cada uno con un título. Luego, resume brevemente los puntos de vista expresados por la gente. Haz una lista de las acciones que se decide tomar y nombra a las personas que se ocuparán de hacerlas.

Hacer un borrador Usa tus notas para tu borrador de minutas. Haz una lista de los temas discutidos y habla sobre cada uno, presenta las ideas objetivamente, registra lo que se dijo y no tomes partido en ninguna controversia. Usa oraciones completas y menciona las preguntas que se hicieron.

Revisar Usa números o símbolos para organizar los temas y también letras en negrita o el subrayado para ayudar a los lectores a ubicar los temas en que están interesados. Revisa para que tus notas sean breves y objetivas.

Corregir Compara tu borrador final con tus notas. Asegúrate de haber presentado todos los puntos de vista con precisión y haber escrito los nombres correctamente. Comprueba que el formato que elegiste sea uniforme.

Publicar Distribuye tus notas antes de la siguiente reunión. Esto les dará a los participantes oportunidad de revisar tus notas con dos propósitos en mente. Primero, recordar las decisiones que se tomaron en la reunión anterior y segundo, puede ser que tengan que ser recordados de que se comprometieron a hacer algo.

15.3 Formularios y solicitudes

◆ ¿Qué son los formularios y solicitudes?

En un mundo lleno de computadoras y bancos de datos, encuentras formularios y solicitudes en todas partes y para todos los propósitos. Los formularios y solicitudes son impresos con espacios en blanco que se deben llenar con la información apropiada. Para completar estos documentos efectivamente debes hacer lo siguiente:

- Escribir con claridad.
- Leer todos los rótulos e instrucciones para asegurarte de que estás dando la información correcta.

Hoja de transmisión de fax

Cuando se envía un fax, o facsímile, generalmente éste va acompañado por una hoja de transmisión. Esta hoja dice quién envió el fax, a quién va dirigido y cuántas páginas se transmitieron. También da la dirección y número de teléfono y de fax del remitente. La mayoría de las hojas de transmisión tienen un espacio en blanco donde se puede escribir a mano una nota breve.

Solicitudes

En las solicitudes, sólo se escribe la información requerida. Es más, algunos espacios en blanco se deben dejar en blanco, de acuerdo con las instrucciones de la solicitud. Es posible que no haya suficiente espacio para dar toda la información requerida. En ese caso hay que averiguar cómo incluir toda la información. En algunos casos la información se da por medio de marcas. Usar paréntesis y barras ayuda a separar diferente información escrita en una misma línea. Algunas solicitudes deben ser firmadas por personas específicas.

Parte 2

Gramática

CAPÍTULO 16

Sustantivos y pronombres

Este capítulo presenta los sustantivos y pronombres, que son las palabras que usamos para referirnos a personas, lugares, cosas e ideas. Si salieras a pasear y quisieras nombrar todo lo que ves, usarías sustantivos: árbol, calle, sol, pájaro. Si vieras personas durante tu paseo, también usarías sustantivos para identificarlas: niña, Juan, policía.

Algunas veces necesitas reemplazar un sustantivo. Las palabras que usas para reemplazar a los sustantivos se llaman pronombres y toman su lugar en las oraciones. Yo, él, nuestro, son ejemplos de pronombres.

16.1 Sustantivos

→ **Concepto clave**

Un **sustantivo** es una palabra que nombra una persona, lugar o cosa. Los sustantivos nombran cosas que se pueden ver y tocar, como también ideas, acciones, condiciones y cualidades.

PERSONAS
Robert, Roberto; *Aunt Mary*, tía María; *neighbor*, vecino

LUGARES
library, biblioteca; *Canada*, Canadá; *bedroom*, alcoba

COSAS
tree, árbol; *peace*, paz; *bravery*, valentía

Sustantivos colectivos Los sustantivos que nombran grupos de personas, cosas o animales se llaman sustantivos colectivos. Estos sustantivos están en singular, y no debes confundirlos con los sustantivos en plural, que nombran varios sujetos de una misma categoría.

SUSTANTIVOS COLECTIVOS
people, gente; *flock*, bandada; *cast*, elenco

SUSTANTIVOS PLURALES
persons, personas; *birds*, pájaros; *actors*, actores

¡Compara!

En español los sustantivos pertenecen a uno de dos géneros, masculino o femenino. En inglés los sustantivos no tienen género: *teacher*, maestro, maestra; *butterfly*, mariposa; *cricket*, grillo.

¿Sabías que...
casi siempre hablamos y escribimos acerca de personas, lugares o cosas? Por eso, la mayor parte del tiempo, usamos sustantivos.

Practica ✍

1. *Primero en español*

Escribe persona, lugar o cosa en el espacio en blanco, según lo que nombre cada uno de los siguientes sustantivos.

anciano _________   laboratorio _________   huevo _________

campo _________   niños _________   insecto _________

2. *Ahora en inglés*

Escribe en el espacio en blanco lo que nombra cada uno de los siguientes sustantivos: *person* (persona), *place* (lugar) o *thing* (cosa).

swamp _________   abdomen _________   scientist _________

technician _________   forest _________   sound _________

◆ Sustantivos compuestos

➜ Concepto clave

Un **sustantivo compuesto** es una palabra que, aunque se refiere a un solo concepto, está formada con dos o más palabras. Los sustantivos compuestos en inglés se pueden escribir de varias maneras.

PALABRAS SEPARADAS
bubble bath, baño de burbujas; *sea horse*, caballito de mar

PALABRAS UNIDAS POR UN GUIÓN
father-in-law, suegro; *know-it-all*, sabelotodo

UNA SOLA PALABRA
handwriting, escritura a mano; *homeland*, tierra natal

◆ Sustantivos propios y comunes

➜ Concepto clave

Un **sustantivo común** nombra personas, lugares y cosas indefinidas. Un **sustantivo propio** nombra una persona, lugar o cosa específicos.

SUSTANTIVOS COMUNES
writer, escritor; *dog*, perro; *island*, isla

SUSTANTIVOS PROPIOS
Mark Twain, Fido, Manhattan

Practica ✍

1. Escribe cada uno de los siguientes sustantivos en la columna que corresponda. Un sustantivo puede incluirse en más de una columna.

tarantula, Maryland, bumblebee, Christopher

lake, Julius Caesar, antennae, White House

Person	Place	Thing	Compound Noun	Common Noun	Proper Noun

Aplica ✍

2. Escribe un párrafo corto de por lo menos tres oraciones, enumerando todo lo que puedes encontrar en tu jardín. Usa todos los sustantivos que se te ocurran.

____

____

____

16.2 *Pronombres*

→ Concepto clave

Los **pronombres** son palabras que reemplazan los sustantivos o grupos de palabras que cumplen la función de sustantivos.

SUSTANTIVO		PRONOMBRE	
singer	cantante	*he*	él
dancers	bailarinas	*they*	ellas

◆ Antecedentes de pronombres

→ Concepto clave

Los **antecedentes** son los sustantivos (o palabras que toman la función de sustantivos) a los que reemplazan los pronombres. El pronombre significa lo mismo que su antecedente. Los antecedentes pueden aparecer delante o después de su pronombre.

DELANTE

<u>Andrew</u> says this costume is <u>his</u>.
<u>Andrés</u> dice que este disfraz es <u>suyo</u>.

DESPUÉS

<u>Her</u> sister is taller, but <u>Caroline</u> is prettier.
<u>Su</u> hermana es más alta, pero <u>Caroline</u> es más bonita.

¡Compara!

En inglés es necesario usar el pronombre que funciona como sujeto. En cambio, en español el pronombre sujeto se suele omitir, ya que el verbo indica de qué persona se trata: *I visited Rio during the carnival.* (Yo) Visité Río durante el carnaval.

¿Sabías que...
el pronombre y su antecedente pueden encontrarse en la misma oración o en oraciones separadas?

Practica ✍

1. *Primero en español*

Escribe nuevamente cada oración, reemplazando el sustantivo con el pronombre que corresponda: yo, tú, él, ella, nosotros, nosotras, ustedes, ellos, ellas.

a. Las bailarinas se preparan. _______________________________

b. Arturo viaja. _______________________________

c. Carlos y yo vamos al carnaval de Río. _______________________________

d. Marina y Helena también van. _______________________________

2. *Ahora en inglés*

Escribe nuevamente cada frase u oración, reemplazando el sustantivo por uno de estos pronombres: *I, you, he, she, we, they*

a. The musicians parade. _______________________________

b. Marta is having fun. _______________________________

c. Richard and I are also going. _______________________________

d. Cindy and Jane have fun. _______________________________

◆ Pronombres personales

➜ Concepto clave

Los **pronombres personales** se refieren a la persona que habla (primera persona), a la persona a la que se le habla (segunda persona) o a la persona, lugar o cosa de la que se habla (tercera persona):

PRONOMBRES PERSONALES

PRIMERA PERSONA SINGULAR

I	yo
me	me, a mí
my	mi(s)
mine	mío(s), mía(s)

SEGUNDA PERSONA SINGULAR

you	tú, te, ti, usted
your	tu(s)
yours	tuyo(s), tuya(s)

TERCERA PERSONA SINGULAR

he	él
him	le, lo, (preposición) él
his	su(s), suyo(s), suya(s)
she	ella, le, la
her	su
hers	suyo(s), suya(s)
it	le, lo
its	su(s), suyo(s), suya(s)

PRIMERA PERSONA PLURAL

we	nosotros, nosotras
us	nos, (preposición) nosotros, (preposición) nosotras
our	nuestro(s), nuestra(s)
ours	nuestro(s), nuestra(s)

SEGUNDA PERSONA PLURAL

you	ustedes
your	su(s)
yours	suyo(s), suya(s)

TERCERA PERSONA PLURAL

they	ellos, ellas
them	les, las, los
their, theirs	su(s), suyo(s), suya(s)

¡Compara!

En inglés los pronombres tienen menos formas que en español.
En inglés no se hace la distinción entre *tú* y *usted*; siempre es
you. En español no se hace la distinción entre *his* (su, de él) y
her (su, de ella).

◆ Pronombres reflexivos e intensivos

➜ Concepto clave

Los **pronombres reflexivos** se usan cuando alguien o algo
realiza una acción que recae sobre él mismo o ella misma.

She dresses <u>herself</u>.
Ella <u>se</u> viste.

Los **pronombres intensivos** se añaden para dar énfasis a un
sustantivo o pronombre que aparece en la misma oración:

Frank fixed the refrigerator <u>himself</u>.
Frank reparó la nevera <u>él mismo</u>.

PRONOMBRES INTENSIVOS Y REFLEXIVOS

PRIMERA PERSONA SINGULAR

myself	me, yo mismo

SEGUNDA PERSONA SINGULAR

yourself	te, tú mismo, usted, usted mismo

TERCERA PERSONA SINGULAR

himself	se, él mismo
herself	se, ella misma
itself	sí mismo

PRIMERA PERSONA PLURAL

ourselves	nos, nosotros mismos

SEGUNDA PERSONA PLURAL

yourselves	se, ustedes mismos

TERCERA PERSONA PLURAL

themselves	se, ellos mismos

◆ Pronombres demostrativos, relativos e interrogativos

Hay otro grupo de pronombres que se puede usar para dirigir la atención, relacionar ideas o hacer preguntas.

◆ Pronombres demostrativos

➜ Concepto clave

Los **pronombres demostrativos** dirigen la atención hacia personas, lugares o cosas específicos:

<u>This</u> is the person we want to hire.
<u>Ésta</u> es la persona que queremos contratar.

PRONOMBRES DEMOSTRATIVOS SINGULARES

this	éste, ésta, esto
that	ese, ésa, eso, aquél, aquélla, aquello

PRONOMBRES DEMOSTRATIVOS PLURALES

these	éstos, éstas
those	ésos, ésas, aquéllos, aquéllas

◆ Pronombres relativos

➜ Concepto clave

Los **pronombres relativos** van al principio de las cláusulas subordinadas y las conectan con otra idea en la oración.

PRONOMBRES RELATIVOS

that	que
which	lo(s) cual(es), la(s) cual(es)
who	quien, que
whom	a quien(es)
whose	cuyo(s), cuya(s)

◆ Pronombres interrogativos

➜ Concepto clave

Los **pronombres interrogativos** se usan para empezar las preguntas. Los pronombres interrogativos pueden tener un antecedente específico.

PRONOMBRES INTERROGATIVOS

what	qué
which	cuál
who	quién
whom	a quién(es)
whose	de quién

◆ Pronombres indefinidos

→ Concepto clave

Los **pronombres indefinidos** se refieren a personas, lugares o
cosas, frecuentemente sin especificarlas.

> En tu libro de texto en inglés aparece una lista de
> pronombres indefinidos singulares, plurales y aquellos que
> pueden usarse tanto en singular como en plural.

Practica ✍

1. Encierra en un círculo el pronombre que aparece en cada una de estas oraciones, y subraya el antecedente de dicho pronombre.

a. Rio de Janeiro is famous for its carnival.

b. Joao and Cesar say they went to a great party.

c. My friends and I cooked our own meals.

d. Renata brought some costumes for the parade, but forgot hers.

2. Lee el siguiente párrafo e identifica qué tipo de pronombre es cada uno de los pronombres numerados.

Yesterday, there was a parade in (1)my neighborhood. The streets were full of people, and (2)everybody seemed to be having fun. My brother and I decided to invite a friend of (3)ours, Yolanda, to watch the parade from our balcony. I called her (4)myself. After the parade, my brother asked us: "(5)Which band did you like the best?" "I loved the band (6)that played Brazilian music!" Yolanda replied. "I liked (7)that one, too!" I replied. Then, My mother said "There is some soda in the refrigerator. Help (8)yourselves!"

1. _________   5. _________

2. _________   6. _________

3. _________   7. _________

4. _________   8. _________

Aplica ✍

3. Escribe un párrafo donde describas una celebración que hayas presenciado. Junto a cada pronombre que emplees, escribe qué tipo de pronombre es.

____

____

____

El verbo tal vez sea la parte más importante de la oración. Los **verbos** son palabras que expresan la acción, la condición o la existencia de algo, y también indican el tiempo, es decir, cuándo ocurre esto.

En este capítulo vas a aprender más sobre los verbos de acción, los verbos de enlace y los verbos auxiliares.

17.1 Verbos de acción

→ Concepto clave

Los **verbos de acción** son verbos que expresan la acción que realiza alguien o algo. La persona o cosa que realiza la acción es el sujeto del verbo:

The emperor <u>rules</u>.
El emperador <u>gobierna</u>.

We <u>chose</u> two books about China.
Nosotros <u>escogimos</u> dos libros sobre China.

¡Compara!

En español, el verbo se escribe de manera diferente dependiendo de la persona que realiza la acción. Es lo que llamamos conjugar (como, comes, come, comemos, comen). En inglés los verbos también se conjugan, pero normalmente las variaciones son menores (*eat, eats*).

¿**Sabías que...** los verbos de acción no se refieren sólo a acciones físicas o visibles? Existen muchos verbos de acción que hablan de acciones mentales o emotivas.

Practica

1. *Primero en español*

Subraya el verbo de acción en cada una de las siguientes oraciones.

a. Los artistas chinos elaboraban hermosas estatuas de bronce.

b. Los chinos recordaban a sus antepasados.

c. El emperador ordenó que se construyera una muralla.

2. *Ahora en inglés*

Cada una de las siguientes oraciones contiene un verbo de acción. Subráyalo.

a. The Chinese peasants grew rice on their farms.

b. The king thought people should work harder.

c. The archaeologists investigated ancient sites.

◆ Verbos transitivos e intransitivos

➜ Concepto clave

Los verbos de acción son **transitivos** si la acción del sujeto recae sobre alguien o algo que se menciona en la misma oración:

The peasants grew rice.
Los campesinos sembraron arroz.

Los verbos son **intransitivos** cuando la acción del sujeto no recae en alguien o algo que se mencione en la oración:

The peasants worked.
Los campesinos trabajaron.

La persona o cosa que recibe la acción del verbo es el complemento directo del verbo. Los verbos intransitivos no tienen complemento directo.

Practica ✍

Escribe transitive *(transitivo) o* intransitive *(intransitivo) en los espacios en blanco para describir qué tipo de verbo contiene cada oración.*

a. Pamela gave a lecture on Asia. ___________________________________

b. Lords with hereditary positions controlled many towns. ___________________

c. The last Shang monarch ruled unjustly. _______________________________

d. The art of metalwork advanced greatly during this period. ________________

e. The archaeologist discovered the artifacts in graves. ___________________

17.2 Verbos de enlace

➜ Concepto clave

Los **verbos de enlace** son los que conectan una palabra que aparece al principio, o cerca del principio de una oración, con otra palabra al final, o cerca del final de la oración.

◆ El verbo *be*

➜ Concepto clave

Hay varios verbos que pueden usarse como verbos de enlace, pero en inglés el verbo de enlace más común es el verbo *be* (que equivale a los verbos "ser" o "estar" en español):

Sara is an astronaut. Sara es astronauta.
Sara is glad. Sara está contenta.

Verbos que expresan existencia El verbo inglés *be* no siempre se usa como un verbo de enlace. A veces, simplemente expresa la existencia de algo o bien indica su ubicación:

The moon is in the sky.
La luna está en cielo.

◆ Otros verbos de enlace

➜ Concepto clave

Además del verbo *be*, existen otros verbos de enlace que
conectan las palabras del principio de la oración con las
palabras del final de la oración que sirven para describir las del
principio.

> En tu libro de texto en inglés aparece una lista de los
> verbos de enlace más comunes.

◆ ¿Verbo de enlace o verbo de acción?

➜ Concepto clave

Un verbo funciona como un verbo de enlace si se puede
reemplazar por las formas *am, are* o *is,* y la oración tiene
sentido:

The spaceship <u>appears</u> ready.
La nave <u>parece</u> lista.

The spaceship <u>is</u> ready.
La nave <u>está</u> lista.

Practica ✍

***Subraya el verbo de enlace en cada una de las siguientes oraciones, y traza círculos
alrededor de las palabras que enlaza el verbo.***

a. The experiment was successful.

b. The weather remained pleasant the week of the flight.

c. The food tasted very artificial.

d. The crew members were well trained.

e. The men looked scared.

17.3 *Verbos auxiliares*

➜ Concepto clave

Los **verbos auxiliares** son verbos que se pueden agregar a otro
verbo para formar una frase verbal.

◆ Reconoce los verbos auxiliares

➜ Concepto clave

Las diferentes formas del verbo *be* ("ser" o "estar" en español) y
algunos otros verbos se pueden usar como verbos auxiliares.

> En tu libro de texto en inglés aparece una lista de otros
> verbos auxiliares.

Los verbos auxiliares agregan significado al verbo principal y
también pueden cambiar el sentido de la oración.

SIN VERBO AUXILIAR
They leave in the morning.
Ellos salen por la mañana.

CON VERBO AUXILIAR
They must leave in the morning.
Ellos deben salir por la mañana.

¡Compara!

En español también existen verbos auxiliares, como "ser",
"estar", "haber", "deber" y "poder". En la mayoría de los casos,
estos verbos auxiliares cumplen la misma función que en inglés.

◆ Reconoce los verbos auxiliares en las oraciones

→ Concepto clave

Algunas veces los verbos auxiliares están separados del verbo
principal de la oración.

FRASE VERBAL
They must be doing something.
Ellos deben estar haciendo algo.

VERBO AUXILIAR Y PRINCIPAL SEPARADOS
A mission can always fail.
Una misión siempre puede fracasar.

Practica ✎

**1. Subraya el verbo de acción en cada una de las siguientes oraciones. En los espacios
en blanco escribe transitive (transitivo) o intransitive (intransitivo).**

a. Janice studied hard for the test on Asian culture. _______________________________

b. Anthropologists study Chinese rituals and customs. _______________________________

c. The Chinese created a very rigid social system. _______________________________

d. Confucius taught philosophy in ancient China. _______________________________

e. The Shang people began as a clan of villagers in central China. _______________________

**2. Subraya el verbo en cada una de las siguientes oraciones. Escribe linking verb (verbo
de enlace) o action verb (verbo de acción).**

a. The astronauts were excited about their new mission. _______________________________

b. The mission sounded dangerous. _______________________________

c. The captain smelled smoke from a motor. _______________________________

d. The planet seemed closer every minute. _______________________________

e. The spaceship turned back before accomplishing its goal. _______________________________

3. *En el espacio provisto, escribe la frase verbal de cada una de las oraciones. Luego, marca con un círculo los verbos auxiliares de la frase verbal.*

a. NASA has been planning a trip to Mars. _______________________________________

b. The scientists might soon develop a faster way to travel to space. _______________

c. The astronauts will sometimes miss their families. _________________________________

d. We must learn more about space travel. ______________________________________

e. I should have already written my essay on the Milky Way. _______________________

Aplica ✍

4. *Escribe un párrafo corto describiendo alguna aventura emocionante, ya sea imaginaria o que hayas vivido realmente. Usa tantos verbos de acción, de enlace y auxiliares como puedas. Luego subraya los verbos, e indica qué tipo de verbos son.*

____

____

____

Muchas veces un sustantivo no basta para expresar exactamente lo que quieres comunicar. Las palabras que describen los sustantivos se llaman adjetivos.

Los adverbios describen los verbos, adjetivos y otros adverbios.

Este capítulo examinará los adjetivos y adverbios. Estas dos partes de la oración se llaman modificadores.

18.1 Adjetivos

→ **Concepto clave**

Los **adjetivos** son palabras usadas para describir un sustantivo o un pronombre, o para darles un significado más específico.

◆ El proceso de modificación

Modificar significa "cambiar un poco". El adjetivo modifica el significado del sustantivo o pronombre al responder a una de estas cuatro preguntas: *What kind? Which one? How many? How much?* (¿Qué tipo? ¿Cuál? ¿Cuántos? ¿Cuánto?).

WHAT KIND?
big boat　　　　　barco grande

WHICH ONE?
this passenger　　este pasajero

HOW MANY?
five countries　　cinco países

HOW MUCH?
enough space　　suficiente espacio

En inglés, los adjetivos generalmente se colocan antes del sustantivo al que modifican. Sin embargo, también pueden aparecer después del sustantivo.

ANTES DEL SUSTANTIVO
This <u>long</u> and <u>boring</u> trip started a year ago.
Este <u>largo</u> y <u>aburrido</u> viaje comenzó hace un año.

DESPUÉS DEL SUSTANTIVO
This trip, which has been <u>long</u> and <u>boring</u>, started a year ago.
Este viaje, que ha sido <u>largo</u> y <u>aburrido</u>, comenzó hace un año.

Los adjetivos, por regla general, van después de los pronombres a los que modifican y del verbo de enlace. Algunas veces los adjetivos aparecen antes de los pronombres.

DESPUÉS DEL PRONOMBRE
She was <u>worried</u> about the flight.
Ella estaba <u>preocupada</u> por el vuelo.

ANTES DEL PRONOMBRE
<u>Worried</u> about the flight, she could not rest.
<u>Preocupada</u> por el vuelo, ella no podía descansar.

¡Compara!

En español, los adjetivos concuerdan en género (femenino o masculino) y número (singular o plural) con el sustantivo. En inglés, en cambio, los adjetivos son los mismos para el femenino o el masculino, el singular o el plural.

ESPAÑOL

niña alta   niño alto   niñas altas   niños altos

INGLÉS

tall girl   *tall boy*   *tall girls*   *tall boys*

Practica ✑

1. *Primero en español*

Subraya el adjetivo y encierra en un círculo la palabra que éste modifica.

a. Recorrimos la bahía en un yate lujoso.

b. Tuvieron un vuelo accidentado, pero finalmente llegaron.

c. Si viajas, tus vacaciones serán divertidas.

2. *Ahora en inglés*

Subraya el adjetivo y encierra en un círculo la palabra que éste modifica.

a. We traveled in a fast train from Madrid to Barcelona.

b. Some adventurous people like to explore the wilderness.

c. That landscape is spectacular.

◆ Artículos

→ Concepto clave

Una clase especial de adjetivos son los artículos. El **artículo definido** *the* indica que el sustantivo al que modifica se refiere a una persona, lugar o cosa específica. Los **artículos indefinidos** *a* y *an* se refieren a una clase de persona, lugar o cosa, sin especificar cuál.

DEFINIDO
<u>The</u> San Francisco Airport is near <u>the</u> bay.
<u>El</u> aeropuerto de San Francisco está cerca de <u>la</u> bahía.

INDEFINIDO
<u>An</u> airport should be located near <u>a</u> city.
<u>Un</u> aeropuerto debe estar localizado cerca de <u>una</u> ciudad.

◆ Sustantivos que se usan como adjetivos

→ Concepto clave

Los sustantivos se usan como adjetivos cuando responden a las preguntas: *What kind?* (¿Qué tipo?) o *Which one?* (¿Cuál?) sobre el sustantivo que los sigue:

history lesson lección de historia
the silk dress el vestido de seda

◆ Adjetivos propios y compuestos

Además de los tipos de adjetivos ya mencionados, también existen adjetivos propios y adjetivos compuestos.

Adjetivos propios

→ Concepto clave

Un **adjetivo propio** es un sustantivo propio que se usa como adjetivo o un adjetivo que se forma a partir de un sustantivo propio.

New York storm
tormenta neoyorquina

Cuando un adjetivo se forma a partir de un sustantivo propio, la forma del sustantivo cambia.

Mexican art
arte mexicano

Adjetivos compuestos

→ Concepto clave

Los **adjetivos compuestos** generalmente se forman con dos o más palabras separadas por guiones o combinando dos palabras.

PALABRAS CON GUIONES
left-handed, zurdo; *long-distance call*, llamada de larga distancia

PALABRAS COMBINADAS
hardback book, libro de tapa dura; *homebound trip*, viaje de regreso a casa

◆ Pronombres usados como adjetivos

→ Concepto clave

Los pronombres personales que pueden usarse como adjetivos responden a la pregunta *Which one?* (¿Cuál?) sobre el sustantivo que les sigue.

Pronombres posesivos que se usan como adjetivos En inglés, siete de los pronombres personales, *my, your, her, his, its, our, their*, se pueden considerar a la vez pronombres y adjetivos. Son pronombres porque tienen antecedentes. También son adjetivos porque modifican los sustantivos al responder a la pregunta *Which one?* (¿Cuál?).

The captain introduced his crew to the passengers.
El capitán presentó su tripulación a los pasajeros.

¡Recuerda!
Los adjetivos propios generalmente se escriben con mayúscula.

¡Recuerda!
Consulta un diccionario si tienes dudas sobre cómo se escribe un adjetivo compuesto.

→ **Concepto clave**

Los pronombres demostrativos, interrogativos o indefinidos se
convierten en adjetivos si responden a las preguntas *Which one?*
(¿Cuál?), *How many?* (¿Cuántos?) o *How much?* (¿Cuánto?)
sobre el sustantivo que los sigue.

Adjetivos demostrativos Los cuatro pronombres demostrativos,
this, that, these, those, se pueden usar como adjetivos. Cuando
los pronombres demostrativos se usan como adjetivos, se llaman
adjetivos demostrativos:

She flew on <u>that</u> plane. Ella voló en <u>ese</u> avión.

Adjetivos interrogativos Sólo tres de los pronombres
interrogativos, *which, what, whose*, se pueden usar como
adjetivos. Cuando se usan como adjetivos, estos pronombres se
llaman adjetivos interrogativos.

<u>*Which*</u> *train goes to the west?* ¿<u>Cuál</u> tren va al oeste?

Adjetivos indefinidos Muchos de los pronombres indefinidos
también se pueden usar como adjetivos. Cuando funcionan
como adjetivos se llaman adjetivos indefinidos:

<u>*Each*</u> *boat had <u>several</u> sails.* <u>Cada</u> bote tenía <u>varias</u> velas.

Practica ✍

1. *En los espacios en blanco de la derecha,* escribe noun adjective, proper adjective, *o*
compound adjective, *para describir el adjetivo subrayado en la oración.*

1. Don't forget to visit the <u>town</u> museum. ___________________________

2. Our trip to the <u>Greek</u> Islands was exciting. ___________________________

3. They served <u>orange-flavored</u> ice cream on the cruise. ___________________

4. The tour included a stop at a beautiful <u>rose</u> garden in London. _____________

5. I need a <u>wide-angle</u> lens to photograph those ruins. ___________________

2. *Escribe cada uno de los siguientes adjetivos en la categoría que le corresponda:*
those   which   our   some   these   any   whose   his   my   that
what   another.

Possessive	Demonstrative	Interrogative	Indefinite

Aplica ✍

3. *Escribe un párrafo donde describas un viaje que hayas realizado. Procura usar la
mayor cantidad de adjetivos que puedas. Subraya cada adjetivo que utilices.*

____

____

____

18.2 Adverbios

➜ Concepto clave

Los **adverbios** son palabras que modifican a verbos, adjetivos y
otros adverbios.

◆ Adverbios que modifican verbos

➜ Concepto clave

Los adverbios que modifican verbos responden a las preguntas:
Where? (¿Dónde?), *When?* (¿Cuándo?), *In what way?* (¿De qué
manera?) o *To what extent?* (En qué medida?)

Practica ✐

1. *Primero en español*

Subraya el adverbio en cada una de las siguientes oraciones, y encierra en un círculo el verbo
modificado.

a. La luna brilló anoche.

b. Si el cielo está despejado, verás las estrellas claramente.

c. La constelación de Hércules está cerca de la constelación del Dragón.

2. *Ahora en inglés*

Subraya el adverbio en cada una de las siguientes oraciones, y marca con un círculo el verbo
o la frase verbal que modifica.

a. That constellation can barely be seen.

b. Stand here to have a better view of the sky.

c. I saw the Leo constellation yesterday.

◆ Adverbios que modifican adjetivos y otros adverbios

➜ Concepto clave

Los adverbios que modifican a los adjetivos responden a una sola
pregunta: *To what extent?* (¿En qué medida?):

very glad, muy contento; *almost ready,* casi listo

➜ Concepto clave

Los adverbios que modifican a otro adverbio responden a una
sola pregunta: *To what extent?* (¿En qué medida?):

moved <u>very</u> slowly   movía <u>muy</u> lentamente

◆ ¿Adjetivo o adverbio?

Algunas palabras pueden ser usados como adverbios o como adjetivos.

→ Concepto clave

Un adverbio modifica a un verbo, a un adjetivo o a otro adverbio.

Un adjetivo modifica a un sustantivo o a un pronombre.

ADVERBIO

I run fast.   Yo corro <u>rápido</u>.

ADJETIVO

I am a fast runner.   Yo soy un corredor <u>rápido</u>.

Practica ✍

1. Escribe en los espacios en blanco si el adverbio subrayado modifica a un verbo, a un adjetivo o a otro adverbio.

a. The sunset was <u>incredibly</u> beautiful. _________________________

b. <u>Suddenly</u>, the sky turned very dark. _________________________

c. The constellation can be seen <u>slightly</u> clearer now. _________________________

d. The sun disappears <u>early</u> in the winter. _________________________

e. We will contemplate the sky <u>very</u> early tomorrow. _________________________

2. Completa los espacios en blanco con uno de los siguientes adverbios: extremely frequently hardly almost very completely. Subraya la palabra modificada por el adverbio.

a. That star is so distant, telescopes can __________ detect it.

b. We could not see the comet because it went by __________ fast.

c. __________ few people know the names of all the constellations.

d. Sailors __________ use the stars for orientation.

e. If there were no moon or stars, the sky would be __________ dark at night.

f. Astronomers usually know __________ all the names of the stars.

Aplica ✍

3. Escribe un párrafo en el cual describas qué puedes ver de noche en el cielo del lugar donde vives. Subraya los adverbios, y señala si modifican un verbo, un adjetivo u otro adverbio.

____

____

____

CAPÍTULO 19

Preposiciones, conjunciones e interjecciones

Support for
Prepositions,
Conjunctions and
Interjections

Las tres partes de la oración que sirven para relacionar, unir y llamar la atención son las preposiciones, conjunciones e interjecciones.

19.1 Preposicioness

→ Concepto clave

Las **preposiciones** son palabras que relacionan al sustantivo o pronombre con otra palabra en la oración:

The player stood <u>near</u> the basket.
El jugador se paró <u>cerca</u> de la canasta.

> En tu libro de texto en inglés aparece una lista de las preposiciones de uso frecuente.

Si bien la mayoría de las preposiciones son de una palabra, algunas están formadas por dos o tres palabras. Estas preposiciones se llaman preposiciones compuestas.

The player stood <u>next to</u> his teammate.
El jugador se paró <u>al</u> lado <u>de</u> su compañero de equipo.

> En tu libro de texto en inglés aparece una lista de las preposiciones compuestas de uso frecuente.

¿Sabías que ... algunas preposiciones compuestas se escriben como una sola palabra? Algunos ejemplos son: *without* (sin), *into* (dentro de), *underneath* (debajo de), *outside* (afuera de).

¡Compara!

En español las preposiciones son menos numerosas. Las preposiciones simples más usuales en español son: a, ante, bajo, con, contra, de, desde, en, entre, hacia, hasta, para, por, según, sin, sobre, tras.

Practica ✍

1. *Primero en español*

Subraya las preposiciones que encuentres en las siguientes oraciones.

a. El jugador pasó la pelota a su compañero.

b. El entrenador caminó hacia la banca de suplentes.

c. Jugaremos un campeonato entre escuelas.

2. *Ahora en inglés*

Subraya las preposiciones que aparecen en las siguientes oraciones.

a. The players were very nervous during the game.

b. We played against the best team in the league.

c. The goal in basketball is to pass the ball through the basket.

◆ Frases preposicionales

→ Concepto clave

Las **frases preposicionales** son grupos de palabras que incluyen
una preposición y un sustantivo o pronombre.

El sustantivo o pronombre que se encuentra después de la
preposición es el complemento de la preposición.

near me
cerca <u>de mí</u> (complemento: *me*)

before the storm
antes <u>de la tormenta</u> (complemento: *the storm*)

◆ ¿Preposición o adverbio?

→ Concepto clave

Recuerda que las preposiciones siempre tienen complementos;
los adverbios no.

Si una palabra que se puede usar como preposición o como
adverbio tiene un complemento, la palabra está usada como
preposición y no como adverbio.

PREPOSICIÓN
We ran <u>along</u> the court.
Corrimos a través del campo de juego.

ADVERBIO
Will you come <u>along</u>?
¿Vas a venir?

Practica ✍

1. Subraya cada preposición y encierra en un círculo su complemento.

a. The man with the whistle is the referee.

b. I want to play on a professional basketball team.

c. Our team hasn't won a game since last summer.

d. The coach stood next to the sideline.

e. There were many fans outside the stadium.

2. En el espacio en blanco, escribe si la palabra subrayada en cada oración es una preposición o un adverbio.

a. The game seems too long, I think the clock is running <u>behind</u>. ______________________

b. The court is <u>behind</u> the library building. ______________________

c. The players sat <u>around</u> the coach to hear his advice. ______________________

d. We walked <u>around</u> while we waited for the game to start. ______________________

e. The champions will tour <u>across</u> the country. ______________________

Escribe un párrafo corto describiendo tu deporte favorito. Luego señala las proposiciones que hayas utilizado.

19.2 *Conjunciones e interjecciones*

→ Concepto clave

Las **conjunciones** son palabras usadas para conectar otras palabras, grupos de palabras u oraciones completas.

Las tres clases principales de conjunciones son las coordinantes, las correlativas y las de subordinación.

Conjunciones coordinantes Las conjunciones coordinantes conectan palabras o grupos de palabras similares: sustantivos con sustantivos, frases con frases, oraciones con oraciones:

Factories __and__ cars contaminate the environment.
Las fábricas __y__ los autos contaminan el medio ambiente.

> En tu libro de texto en inglés aparece una lista de conjunciones coordinantes.

Conjunciones correlativas Las conjunciones correlativas también conectan palabras o grupos de palabras similares. Sin embargo, siempre aparecen en pares:

__Both__ animals __and__ plants need a clean environment.
__Tanto__ los animales __como__ las plantas necesitan un medio ambiente limpio.

> En tu libro de texto en inglés aparece una lista de conjunciones correlativas.

Conjunciones de subordinación Las conjunciones de subordinación conectan dos ideas completas al hacer a una de las ideas subordinada de la otra. Subordinar significa "colocar a una cosa por debajo de otra, de acuerdo a un orden de importancia".

Oil spills are harmful __because__ they pollute the sea.
Los derrames de petróleo son dañinos __porque__ contaminan el mar.

> En tu libro de texto en inglés aparece una lista de las conjunciones de subordinación más comunes.

◆ ¿Conjunción de subordinación o preposición?

Las palabras *after, before, since, till, until* pueden ser conjunciones de subordinación o preposiciones, dependiendo de cómo se usen.

CONJUNCIÓN DE SUBORDINACIÓN
Birds will not return to the wetlands <u>until</u> we clean them.
Las aves no volverán a los pantanos <u>hasta</u> que los limpiemos.

PREPOSICIÓN
The cleanup of the wetlands will take <u>until</u> next month.
La limpieza de los pantanos tomará <u>hasta</u> el próximo mes.

¡Compara!

Tanto en inglés como en español las conjunciones son invariables, no tienen género ni número. En español las conjunciones "y" y "o" cambian de forma en ciertos casos. Si la "y" precede a una palabra que comienza con el sonido i cambia a "e"; si la "o" precede a una palabra que comienza con el sonido o cambia a "u".

◆ Adverbios como conjunciones

➜ Concepto clave

Los **adverbios como conjunciones** son adverbios que funcionan como conjunciones para conectar ideas completas. Los adverbios como conjunciones con frecuencia se usan como transiciones. Las transiciones sirven como puentes entre diferentes ideas:

Plastic is harmful to the environment; <u>therefore</u>, we must recycle it.
El plástico daña el medio ambiente; <u>por lo tanto</u>, debemos reciclarlo.

> En tu libro de texto en inglés aparece una lista de los adverbios como conjunciones más comunes.

◆ Interjecciones

➜ Concepto clave

Las **interjecciones** son palabras que expresan sentimientos o emociones y que funcionan independientemente de la oración. Como las interjecciones no se relacionan con ninguna otra parte de la oración, se separan de las demás palabras con un signo de exclamación o una coma:

<u>Wow</u>! The park looks great!
¡<u>Caray</u>! ¡El parque luce muy bien!

<u>Oh</u>, I didn't know you were an environmentalist.
<u>Oh</u>, no sabía que eras un ecologista.

¡Compara!

En inglés se coloca el signo de exclamación después de la
interjección; en español se escriben los signos de exclamación
antes y después de la interjección.

Shhh! Be quiet. ¡Chito! Guarda silencio.

Practica ✍

1. *Encierra en un círculo la letra de la conjunción que mejor complete cada oración.*

A. __________ the land __________ the sea should be filled with waste.

   a. Either...or

   b. Not only... but also

   c. Neither...nor

B. __________ we only have this environment, we must protect it.

   a. Since

   b. Before

   c. Unless

C. Recycling is ardous, __________ it must be done.

   a. for

   b. but

   c. nor

D. Future generations will thank us __________ we preserve our planet.

   a. if

   b. wherever

   c. yet

E. To plant trees is __________ necessary __________ fun.

   a. either... or

   b. not only... but also

   c. whether... or

2. *Completa cada una de las siguientes oraciones con una conjunción o un adverbio en función de conjunción.*

whenever   and   therefore   furthermore   even   though

a. The trash can is broken; __________ it should be replaced.

b. Plastic, paper __________ aluminum are recyclable materials.

c. We must avoid felling trees; __________, we must plant many more.

d. __________ water is abundant, it is necessary to save it.

e. __________ I have the time, I try to volunteer cleaning the park near my house.

3. *Completa cada oración con una interjección.*

Well   Wow!   Ouch!   Aha!

a. ___________ I just cut my finger.

b. ___________ I knew you were here.

c. ___________ That is a great idea!

d. ___________, maybe next time we'll have more luck.

Aplica ✎

4. *Escribe un párrafo sobre los principales problemas ambientales de tu comunidad. Usa conjunciones y algunas interjecciones en tu composición.*

____

____

____

CAPÍTULO 20

Partes básicas de la oración

Todas las oraciones del inglés, escritas correctamente, siguen ciertos patrones que se pueden describir en términos gramaticales. Este capítulo explorará algunos de estos patrones básicos.

20.1 *Sujetos y predicados completos*

→ Concepto clave

La **oración** es un grupo de palabras con dos partes principales: un sujeto completo y un predicado completo. Juntas, estas dos partes expresan un pensamiento completo.

El sujeto completo incluye un sustantivo que nombra a la persona, lugar o cosa de la que trata la oración. El predicado completo incluye un verbo que dice algo sobre el sujeto completo.

¿Sabías que...
tanto el sujeto completo como el predicado completo pueden consistir de varias palabras o de sólo una palabra?

SUJETO COMPLETO	PREDICADO COMPLETO
A few men from my town	*joined the national army.*
Unos cuantos hombres de mi pueblo	se unieron al ejército nacional.

Practica

1. *Primero en español*

Subraya con una línea el sujeto completo de estas oraciones, y con dos líneas el predicado completo.

a. Bomberos de diferentes compañías ayudaron a rescatar a los heridos.

b. Los autos de la policía recorren las calles de la ciudad.

c. Uno de los salvavidas se arrojó a la piscina para salvar al bañista.

2. *Ahora en inglés*

Señala el sujeto completo y el predicado completo en las siguientes oraciones, subrayando el primero con una línea y el segundo con dos líneas.

a. The U.S. government recruits employees for its agencies.

b. The man in the red shirt works for the Federal Bureau of Investigation.

c. People from different countries attended the human rights conference.

◆ Sujetos y predicados simples

➜ Concepto clave

El **sujeto simple** es el sustantivo, pronombre o grupo de palabras con función de sustantivo que es esencial para el sujeto completo. El **predicado simple** es el verbo o frase verbal que es indispensable para el predicado completo.

SUJETO COMPLETO	PREDICADO COMPLETO
Some <u>classmates</u> of mine	*<u>visited</u> the state college last month.*
Algunos de mis <u>compañeros</u>	<u>visitaron</u> la universidad estatal el mes pasado.

Las palabras subrayadas son el sujeto simple y el predicado simple. Las demás palabras del sujeto completo añaden detalles al sujeto simple. De igual manera, las demás palabras del predicado completo modifican al predicado simple o ayudan a completar el significado de la oración.

◆ Sujetos compuestos

➜ Concepto clave

Los **sujetos compuestos** están formados por dos o más sujetos que tienen el mismo verbo y que están unidos por una conjunción, como *and* u *or*.

Either a <u>doctor</u> or a <u>nurse</u> should take care of the wounded patient.
Un <u>doctor</u> o una <u>enfermera</u> deben atender al paciente herido.

The <u>principal</u>, the <u>teachers</u>, and the <u>parents</u> attended the graduation ceremony.
El <u>director</u>, los <u>maestros</u> y los <u>padres de familia</u> asistieron a la ceremonia de graduación.

◆ Verbos compuestos

➜ Concepto clave

Un **verbo compuesto** está formado por dos o más verbos que tienen el mismo sujeto y que están unidos por una conjunción, como *and* u *or*.

After graduation, most students <u>go</u> to college or <u>look</u> for a job.
Después de graduarse, la mayoría de los estudiantes <u>va</u> a la universidad o <u>busca</u> trabajo.

University professors <u>give</u> lectures, <u>do</u> research, and <u>write</u> books.
Los profesores universitarios <u>dictan</u> clases, <u>investigan</u> y <u>escriben</u> libros.

¡Compara!

En español, los patrones gramaticales del sujeto y el predicado son similares a los del inglés. Sin embargo, algo que debes recordar es que en español muchas veces el sujeto no aparece en una oración, porque está sobreentendido.

1. Escribe en el espacio en blanco si la parte de la oración subrayada es el sujeto completo, el predicado completo, el sujeto simple o el predicado simple.

a. <u>Nurses</u> work in hospitals, clinics, health agencies, and schools. _______________

b. Large corporations and small firms <u>have to hire accountants</u>. _______________

c. Some <u>students</u> will go to college, while others will find a job. _______________

d. A job interview <u>is</u> one of the steps in the hiring process. _______________

e. One of the favorite runners <u>won</u>. _______________

f. <u>Police officers</u> protect citizens from unlawful acts. _______________

Aplica ✍

2. Escribe un párrafo corto donde describas la profesión que te gustaría estudiar cuando termines la escuela. Trata de escribir algunas oraciones con sujetos y predicados compuestos.

____

____

____

20.2 *Sujetos difíciles de identificar*

→ Concepto clave

En las oraciones que dan órdenes o indicaciones, se
sobreentiende que el sujeto es *you* (tú o ustedes).

ORDEN O INDICACIÓN
Look at that strange animal
Mira ese animal extraño.

SOBRE ENTENDIDO
[You] look at that strange animal.
[Tú] mira ese animal extraño.

◆ El sujeto en preguntas

→ Concepto clave

En las preguntas, el sujeto frecuentemente aparece después
del verbo.

Las preguntas que están en orden inverso generalmente
empiezan con un verbo, con un verbo auxiliar o con una de las
siguientes palabras: *how, what, when, where, which, who,
whose, why* (cómo, qué, cuándo, dónde, cuál, quién, de quién,
por qué).

COMIENZAN CON UN VERBO
<u>Are</u> the flowers ready?
¿<u>Están</u> listas las flores?

COMIENZAN CON UN VERBO AUXILIAR
<u>Have</u> you <u>watered</u> the garden?
¿<u>Has regado</u> el jardín?

COMIENZAN CON ADVERBIO
<u>When</u> will you trim the branches?
¿<u>Cuándo</u> podarás las ramas?

> **¿Sabías que...** para
> identificar el sujeto en
> las oraciones inversas,
> puedes formular
> mentalmente la
> pregunta como una
> oración declarativa?
> Esto colocará al sujeto
> delante del verbo.

◆ Oraciones que comienzan con *here* y *there*

→ Concepto clave

El sujeto de una oración nunca es *here* o *there*. En las oraciones
que comienzan con las palabras *here* o *there*, el sujeto
generalmente se encuentra después del verbo:

There <u>are</u> the <u>trees</u> you must fertilize.
Ahí <u>están</u> los <u>árboles</u> que debes abonar.

Al igual que las oraciones inversas, las oraciones que
comienzan con *here* o *there* generalmente se pueden volver a
formular mentalmente para colocar el sujeto en su posición
normal delante del verbo. Sólo debes formar con las mismas
palabras de la oración inversa una oración lógica que no
comience con *here* o *there*. Luego, sigue los mismos pasos que
sigues para hallar el sujeto de una oración:

The <u>trees</u> you must fertilize <u>are</u> there.
Los <u>árboles</u> que debes abonar <u>están</u> ahí.

En algunas oraciones, verás que la palabra *there* se usa
solamente para iniciar la oración. En estos casos, *there* no es un
adverbio que modifica a un verbo. Su función es simplemente
hacer que la oración suene mejor. En estos casos, *there* es un
expletivo:

There are many types of roses.
Hay muchos tipos de rosas.

Hay veces en que no es posible volver a formular una oración
para colocar al sujeto al principio cuando *there* se usa como un
expletivo. Lo que debes recordar es que *there* no puede ser el
sujeto de la oración. Para hallar el sujeto en una oración que no
puedes volver a formular, elimina la palabra *there* y pregunta
Who? (¿Quién?) o *What?* (¿Qué?) antes del verbo:

There are four birds in the nest.   Hay cuatro pájaros en el nido.
<u>*What*</u> *are?*   ¿<u>Qué</u> hay?
Four birds.   Cuatro pájaros.

◆ Otras oraciones inversas

→ Concepto clave

En algunas oraciones, el sujeto se coloca después del verbo para
darle más énfasis:

Soon after the thunderstorm came a very heavy rain.
Poco después de la tormenta, empezó una lluvia muy fuerte.

Estas oraciones se pueden volver a formular mentalmente con
el orden normal de sujeto y verbo:

A very heavy rain came soon after the thunderstorm.
Una lluvia muy fuerte empezó poco después de la tormenta.

Practica ✍

**1. *Escribe en el espacio en blanco el sujeto de cada una de
estas preguntas u oraciones invertidas.***

a. Do you know the best way to plant a maple tree? _______________

b. On the front yard grew a beautiful camellia. _______________

c. In every branch of that tree lives a different bird. _______________

d. There are some plants with no leaves. _______________

e. Between the river and the woods stretches a narrow path. _______________

f. Which pet should we have? _______________

g. Here comes the owner of the farm. _______________

h. Where are the seeds I bought yesterday? _______________

Aplica ✎

2. Escribe un párrafo corto donde describas una visita a un zoológico o un jardín botánico. Incluye estos tres tipos de oraciones: una oración invertida, una pregunta y una oración invertida que comience con there.

____

____

____

20.3 Complementos

→ Concepto clave

El **complemento** es una palabra o grupo de palabras que completa el significado del predicado de una oración.

Por supuesto, es posible que una oración sólo tenga sujeto y verbo. Sin embargo, la mayoría de las oraciones que lees y escribes tienen uno o más complementos, que son necesarios para completar el significado de la oración.

◆ Complementos directos

→ Concepto clave

El **complemento directo** es un sustantivo o pronombre sobre el cual recae la acción de un verbo transitivo:

The soccer player kicked the <u>ball</u>.
El jugador de fútbol pateó la <u>pelota</u>.

Puedes determinar si una palabra es un complemento directo haciendo las preguntas *Whom?* (¿quién?) o *What?* (¿qué?) después de un verbo de acción:

Kicked <u>what</u>?	¿<u>Qué</u> pateó?
The ball.	La pelota.

No todos los verbos de acción tienen complementos directos. Todos los verbos transitivos tienen complementos directos, los verbos intransitivos no los tienen. Como algunos verbos de acción pueden ser transitivos o intransitivos, saber que un verbo

¿Sabías que...
cuando una pregunta es inversa, el complemento directo a veces se coloca cerca del comienzo de la oración, antes del verbo? Para identificar el complemento directo en una pregunta inversa, vuelve a formular la pregunta como una oración declarativa.

es un verbo de acción no ayuda a determinar si tiene o no un
complemento. Siempre habrá que preguntar *Whom?* o *What?*
después del verbo para ver si hay un complemento directo:

Daniel won the match.	Daniel ganó el partido.
Won <u>what</u>?	¿Qué ganó?
The match.	El partido.

Sí hay respuesta, por tanto, sí hay complemento directo.

Daniel won yesterday.	Daniel ganó ayer.
Won <u>what</u>?	¿Qué ganó?

No hay respuesta, por tanto, no hay complemento directo.

➜ Concepto clave

El **complemento directo compuesto** está formado por dos o
más sustantivos o pronombres sobre los que recae la acción del
mismo verbo. Si una oración contiene un complemento directo
compuesto, hacer las preguntas *Whom?* o *What?* después del
verbo tendrá dos o más respuestas:

We photographed the <u>players</u> and the <u>coach</u>.
Fotografiamos a los <u>jugadores</u> y al <u>entrenador</u>.

◆ ¿Complemento directo o complemento de la preposición?

No confundas el complemento directo con el complemento de
una preposición.

➜ Concepto clave

El complemento directo nunca es el sustantivo o pronombre al
final de una frase preposicional.

ORACIÓN CON COMPLEMENTO DIRECTO

They bought a Victorian mansion.	Compraron una mansión victoriana.
Bought <u>what</u>?	¿Qué compraron?
A mansion.	Una mansión.

ORACIÓN CON COMPLEMENTO DIRECTO Y FRASE
PREPOSICIONAL

They fixed the entrance of the mansion.	Repararon la entrada de la mansión.
Fixed <u>what</u>?	¿Qué arreglaron?
The entrance.	La entrada.

ORACIÓN CON FRASE PREPOSICIONAL

They moved into the mansion.	Se mudaron a la mansión.
Moved <u>what</u>?	¿Qué mudaron?

En los ejemplos anteriores, "mansión" es un complemento
directo sólo en la primera oración; en las otras, es un
complemento de la preposición.

Practica ✍

1. *Primero en español*

Subraya el complemento directo en cada una de las siguientes oraciones.

a. El árbitro sopló el silbato.

b. El delantero metió un gol.

c. Los aficionados gritaban el nombre de su ídolo.

d. Cada equipo envía once jugadores al campo de juego.

2. *Ahora en inglés*

Cada una de las siguientes oraciones incluye un complemento directo. Subráyalo.

a. Most states hold championships in football.

b. Each batter attempts to hit a ball.

c. Each player on the field wears a leather glove on one hand.

d. Many colleges offer sport courses.

◆ Complementos indirectos

➜ Concepto clave

El **complemento indirecto** es un sustantivo o pronombre que aparece con un complemento directo y que nombra a la persona o cosa a quienes se da algo o por quienes se hace algo.

Una oración no puede tener un complemento indirecto a menos que tenga un complemento directo. Puedes determinar si una palabra es un complemento indirecto si hallas el complemento directo y haces las preguntas: *To whom?* (¿A quién?), *For whom?* (¿Para quién?), *To what?* (¿A qué?), o *For what?* (¿Para, qué?) después del verbo de acción.

I gave my <u>friend</u> a new baseball bat.	Le di a mi <u>amigo</u> un bate nuevo.
Gave to <u>whom</u>?	¿A <u>quién</u> le di?
To my friend.	A mi amigo.

> **¡Atención!**
> Al igual que los sujetos, verbos y complementos directos, los complementos indirectos pueden ser compuestos.

◆ ¿Complemento indirecto o complemento de preposición?

➜ Concepto clave

El complemento indirecto de una oración nunca está inmediatamente después de una preposición. Al sustantivo o pronombre que aparece después de una preposición se llama **complemento de preposición**.

ORACIÓN CON COMPLEMENTO INDIRECTO
I gave <u>the conductor</u> our tickets.
Le di <u>al conductor</u> nuestros boletos.

ORACIÓN CON COMPLEMENTO DE PREPOSICIÓN
I gave our tickets <u>to the conductor</u>.
Le di nuestros boletos <u>al conductor</u>.

En inglés, el complemento indirecto nunca va acompañado de
una preposición. En español, en cambio, el complemento indirecto
va siempre acompañado por las preposiciones "a" o "para":

Le entregué la pelota <u>a</u> mi compañero de equipo.

◆ Complementos del sujeto

➔ Concepto clave

El **complemento de sujeto** es un sustantivo, pronombre o
adjetivo que aparece con un verbo de enlace y dice algo sobre el
sujeto de la oración.

El complemento de sujeto aparece casi siempre después de un
verbo de enlace. Las dos clases de complementos de sujeto son
los predicados nominales y los predicados adjetivos.

➔ Concepto clave

El **predicado nominal** es un sustantivo o pronombre que
aparece con un verbo de enlace y vuelve a nombrar, identificar o
explicar al sujeto de la oración.

En una oración con un predicado nominal, el verbo de enlace
funciona como un signo de igual (=) entre el sujeto y el predicado
nominal. Los dos se refieren a la misma persona o cosa:

The new <u>goalkeeper</u> of the team is <u>Mario</u>.
El nuevo <u>arquero</u> del equipo es <u>Mario</u>.

La palabra "Mario" vuelve a nombrar a *goalkeeper*, por lo
tanto es un predicado nominal.

➔ Concepto clave

Un **predicado nominal compuesto** es el que tiene dos o más
sustantivos o pronombres que aparecen con un verbo de enlace
y vuelven a nombrar al sujeto de la oración:

The replacement players will be <u>Tom</u> and <u>Tracy</u>.
Los suplentes serán <u>Tom</u> y <u>Tracy</u>.

➔ Concepto clave

El **predicado adjetivo** es un adjetivo que aparece con un verbo
de enlace y que describe al sujeto de la oración:

The swimmer was <u>fast</u>.
El nadador era <u>rápido</u>.

La palabra *fast* describe a *swimmer*.

➔ Concepto clave

Un **predicado adjetivo compuesto** consiste en dos o más
adjetivos que aparecen con un verbo de enlace y describen al
sujeto de la oración:

The race was <u>long</u> and <u>tiring</u>.
La carrera fue <u>larga</u> y <u>agotadora</u>.

¡Recuerda!
Usa complementos de
sujeto interesantes para
hacer más informativa
y atractiva tu
descripción del sujeto.

◆ Complementos del complemento directo

➜ Concepto clave

El **complemento de un complemento directo** es un adjetivo o
sustantivo que aparece con un complemento directo y lo
describe o vuelve a nombrar.

Para encontrar el complemento del complemento directo,
formula una pregunta poniendo primero el verbo y el
complemento directo y luego *what?* (¿qué?).

She painted her room white.	Ella pintó su cuarto de blanco.
Painted her room _what_?	¿De <u>qué</u> color pintó su cuarto?
White.	Blanco.

Practica ✏

1. *Escoge la opción que mejor describe la palabra subrayada y escríbela en el espacio en blanco:*

CD: complemento directo   CI: complemento indirecto

CP: complemento de una preposición   PN: predicado nominal

PA: predicado adjetivo   CCD: complemento del CD

a. The batter sent the ball beyond the <u>field</u>. ___________________________

b. Gymnasts sometimes offer local <u>schools</u> gymnastic demostrations. ___________________________

c. Joseph scored two <u>goals</u> for his team. ___________________________

d. Tennis is a fast and exciting <u>sport</u>. ___________________________

e. Their fans called the champions <u>heroes</u>. ___________________________

f. The coach changed his <u>strategy</u>. ___________________________

g. Swimmers must be <u>strong</u> and <u>swift</u>. ___________________________

h. The principal sent our <u>parents</u> an invitation for the game. ___________________________

i. Rugby is a <u>game</u> accidentally invented by Cambridge students. ___________________________

j. In soccer, a player must send the ball into the <u>goal</u> to score. ___________________________

Aplica ✏

2. *Escribe un párrafo corto sobre alguna competencia en la que hayas participado o que hayas presenciado. Algunas de tus oraciones deben tener complementos directos, complementos indirectos y complementos de sujeto.*

____

____

____

CAPÍTULO 21

Frases y cláusulas

Saber cómo y cuándo usar las partes básicas de la oración, al hablar y al escribir, te va a ayudar a usar un lenguaje efectivo. Una **frase** es un grupo de palabras, sin sujeto y sin verbo, que funciona como parte de una oración. Una **cláusula** es un grupo de palabras con sujeto y verbo.

21.1 Frases

Hay varias clases de frases que se pueden usar para añadir variedad y ampliar el significado de las oraciones. Entre ellas se encuentran las frases preposicionales, las apositivas, las frases con participio, las frases con gerundio y las frases con infinitivo.

◆ Frases preposicionales

Una frase preposicional está formada por una preposición y un sustantivo o un pronombre, llamado complemento de la preposición. Las frases preposicionales funcionan como adjetivos, al modificar sustantivos y pronombres, o como adverbios, al modificar verbos, adjetivos y adverbios.

Frases adjetivas

→ Concepto clave

Una **frase adjetiva** es una frase preposicional que modifica un sustantivo o un pronombre, y que responde a las preguntas ¿qué clase? *(what kind?)* o ¿cuál? *(which one?)*.

The tepee of buffalo hide was sturdy.
La tienda india de piel de búfalo era resistente.

Frases adverbiales

→ Concepto clave

Una **frase adverbial** es una frase preposicional que modifica un verbo, adjetivo o adverbio, y que responde a las preguntas: ¿dónde?, ¿cuándo?, ¿de qué manera?, ¿en qué medida? *(where?, when?, in what way?, to what extent?)*.

The forest was quiet after dusk.
El bosque estaba tranquilo al anochecer.

En tu libro de texto en inglés aparecen ejemplos de frases adverbiales.

¿Sabías que...
se pueden usar varias frases adjetivas para modificar un mismo sustantivo? *The drawing of a warrior on the tepee was painted in red.*

¡Atención!
Las frases adverbiales no siempre van junto a las palabras que modifican.

¿Sabías que...
se pueden usar dos o más frases adverbiales para modificar la misma palabra. *On Mondays, my mother works at the Native American Art Museum.*

◆ Apositivos y frases apositivas

Apositivos

→ Concepto clave

Un **apositivo** es un sustantivo o pronombre colocado cerca de
otro sustantivo o pronombre para identificarlo, darle otro
nombre o explicarlo. Cuando no es esencial para el significado
de la oración y puede eliminarse, se coloca entre comas.

A tribe of the Northeast, <u>the Iroquois</u>, made pottery and baskets.
Una tribu del noreste, <u>la iroquí</u>, hacía cerámica y canastas.

Cuando se necesita el apositivo para que la oración tenga
sentido y no se pueda eliminar, no se separa del resto de la
oración.

The American writer <u>N. Scott Momaday</u> won a Pulitzer Prize.
El escritor norteamericano <u>N. Scott Momaday</u> ganó un premio
Pulitzer.

Frases apositivas

→ Concepto clave

Una **frase apositiva** es un sustantivo o pronombre con
modificadores, colocado junto a un sustantivo o pronombre para
añadir información o detalles. Los modificadores pueden ser
adjetivos, frases adjetivas u otros grupos de palabras con
función de adjetivo.

The chief, <u>a very old man</u>, talked to the people of his tribe.
El jefe, <u>un hombre muy anciano</u>, les habló a los miembros de su
tribu.

◆ Participios y frases con participios

A veces ciertas formas verbales no se usan como verbos sino
como otras partes de la oración. Estas formas verbales se llaman
verboides. Los verboides se pueden usar solos o en frases.

→ Concepto clave

Un **participio** es una forma verbal que puede funcionar como
adjetivo.

Los participios se clasifican en dos grupos, participio presente
y participio pasado. Los puedes diferenciar por sus
terminaciones. El participio presente termina en *-ing*, el
participio pasado termina generalmente en *-ed*, pero algunos
verbos tienen terminaciones irregulares.

Como los adjetivos, los participios responden a las preguntas
¿qué clase? *(What kind?)* o ¿cuál? *(Which one?)*.

PARTICIPIO PRESENTE
The horse made a <u>whining</u> sound.
El caballo emitió un gemido <u>agudo</u>.

PARTICIPIO PASADO
The Pueblo Native Americans lived <u>simplified</u> lives.
Los indios Pueblo vivían vidas <u>sencillas</u>.

> **¿Sabías que...**
> no todos los verbos en
> participio pasado
> terminan en *-ed*?
> Algunos ejemplos son
> *frozen* (congelado),
> *broken* (roto), *chosen*
> (escogido), *sought*
> (buscado), *caught*
> (atrapado).

¿Verbo o participio?

Debes tener cuidado de no confundir los verbos con la
terminación *-ing* o *-ed* con los participios, que funcionan
como adjetivos.

→ Concepto clave

Un **verbo** muestra una acción, condición o existencia. Un
participio actúa como un adjetivo y modifica un sustantivo o
a un pronombre.

   Una misma palabra se puede usar como un verbo o como
un participio.

VERBO
The directions <u>confused</u> her.
Las instrucciones la <u>dejaron confundida</u>.

PARTICIPIO
<u>Confused</u>, she could follow the directions.
<u>Confundida</u>, ella no pudo seguir las instrucciones.

Frases con participios

→ Concepto clave

Una **frase con participio** es un participio modificado por un
adverbio o por una frase adverbial, o que está acompañado por
un complemento. Toda la frase funciona como un adjetivo.

<u>Frightened by its sudden appearance</u>, I yelled, "Snake!"
<u>Asustado por su aparición repentina</u>, grité: "¡Serpiente!".

Ubicación Las frases con participio se pueden colocar antes o
después de la palabra que modifican:

The woman, <u>using a calm voice</u>, told us to stand still.
La mujer, <u>con una voz calmada</u>, nos dijo que nos quedáramos
quietos.

<u>Using a calm voice</u>, the woman told us to stand still.
<u>Con una voz calmada</u>, la mujer nos dijo que nos quedáramos
quietos.

Puntuación Cuando una frase con participio se emplea para
diferenciar una persona, lugar o cosa, no se separa por comas
del resto de la oración y no se puede eliminar sin cambiar el
sentido de la oración.

The man <u>wearing the painted mask</u> is a brave warrior.
El hombre <u>con la máscara pintada</u> es un guerrero valiente.

◆ Gerundios y frases con gerundios

→ Concepto clave

Un **gerundio** es una forma de verbo que actúa como un
sustantivo. Los gerundios siempre terminan en *-ing* y funcionan
como sustantivos en cualquiera de estas funciones: sujetos,
complementos directos, complementos indirectos, predicados
nominales, complementos de preposición o apositivos.

¡Recuerda!
A veces es difícil
distinguir entre un
verbo, un participio y
un gerundio. Recuerda
que el participio
funciona como adjetivo
y el gerundio como
sustantivo.

En tu libro de texto en inglés aparece una lista de ejemplos con los diferentes usos del gerundio.

Frases con gerundios

→ Concepto clave

Una **frase con gerundio** es un gerundio con modificadores o con un complemento, que funciona como un sustantivo.

On their vacation, the Rezendes discoverd <u>canoeing</u>.
Durante las vaciones, los Rezendes descubrieron el <u>canotaje</u>.

◆ Infinitivos y frases con infinitivos

→ Concepto clave

Un **infinitivo** es una forma verbal que generalmente aparece con la palabra *to* y que funciona como sustantivo, adjetivo o adverbio. El infinitivo puede cumplir las siguientes funciones en una oración: sujeto, complemento directo, predicado nominal, complemento de preposición, apositivo, adjetivo o adverbio.

The men wanted <u>to hunt</u> a buffalo.
Los hombres querían <u>cazar</u> un búfalo.

En tu libro de texto en inglés aparecen ejemplos de infinitivos con distintas funciones.

¿Frase preposicional o infinitivo?

→ Concepto clave

Una **frase preposicional** siempre termina con un sustantivo o un pronombre. Un infinitivo siempre termina con un verbo. Debes tener cuidado de no confundir un infinitivo con una frase preposicional que comienza con *to*.

FRASE PREPOSICIONAL
We went <u>to the movies</u> last week.
Fuimos <u>al cine</u> la semana pasada.

INFINITIVO
I didn't want the movie <u>to end</u>.
No quería que la película <u>terminara</u>.

Frases con infinitivos

→ Concepto clave

Una **frase con infinitivo** es un infinitivo con modificadores, complementos o un sujeto, que trabajan juntos como un sustantivo, adjetivo o adverbio.

Professional dancers need <u>to practice daily</u>.
Los bailarines profesionales necesitan <u>practicar diariamente</u>.

En tu libro de texto en inglés aparecen más ejemplos de frases con infinitivos.

¡Atención!
Delante de un gerundio se usa la forma posesiva del pronombre personal.

¡Atención!
No siempre se emplea la palabra *to* antes del infinitivo. *They saw the farmers <u>grow vegetables</u>.*

Practica ✍

1. Subraya la frase adjetiva o la frase adverbial en cada una de estas oraciones. Luego escribe en el espacio en blanco "adjetiva" o "adverbial", según corresponda.

a. The culture of each tribe varied. _______________________

b. Most of them lived in earth lodges. _______________________

c. The annual hunt for buffalo occupied many men. _______________________

d. Tribe women cooked after the hunt. _______________________

e. The young kids stayed in the tepees. _______________________

f. There were several kinds of tribes in North America. _______________________

2. Escribe un apositivo para completar cada oración.

a. Our first President, ___________, fought against the British.

b. Native Americans, ___________ lived in harmony with Mother Nature.

c. July 4, ___________, commemorates our freedom from British rule.

d. The people of the tribe wanted Crazy Horse, ___________, to be their new leader.

e. The horse, ___________, was very impressive.

3. En los espacios en blanco de la derecha, escribe si la palabra subrayada en cada oración es un participio o un verbo.

a. For clothes, they used the skins of the <u>hunted</u> buffalos. _______________________

b. They <u>hunted</u> buffalos for food. _______________________

c. They used <u>sharpened</u> sticks to dig out edible roots. _______________________

d. <u>Dreamed</u> visions were often sung during simple ceremonies. _______________________

e. They <u>sharpened</u> their weapons with rocks. _______________________

4. Subraya la frase con gerundio en cada oración, y escribe en el espacio en blanco qué función cumple la frase.

a. This ice pack will help reduce the swelling in your knee. _______________________

b. Native American kids dreamed about becoming great warriors. _______________________

c. Decorating their tepees was important for many tribes. _______________________

d. A way of getting food is hunting. _______________________

e. His best skill, fishing, helped him survive. _______________________

5. Subraya el infinitivo en cada oración, y escribe en el espacio en blanco qué función cumple.

a. They invented several ways to cook their food. _______________________

b. To sing was a part of the ritual. _______________________

c. The leaders decided to stop the war with the neighbors. _______________________

d. The ceremonial dress was designed to represent the gods. _______________________

e. The men who wanted to hunt used arrows and hatchets. _______________________

Aplica ✍

6. Escribe un párrafo sobre alguna tribu indígena que conozcas. No olvides usar frases preposicionales, apositivas, con gerundio y con infinitivo.

____

____

____

21.2 *Cláusulas*

→ **Concepto clave**

Una **cláusula** es un grupo de palabras con sujeto y verbo.

◆ Cláusulas independientes y subordinadas

→ **Concepto clave**

Una **cláusula independiente** puede constituir una oración completa por sí sola.

ORACIÓN CON UNA CLÁUSULA INDEPENDIENTE
My aunt visited Africa for two weeks.
Mi tía visitó África durante dos semanas.

ORACIÓN CON DOS CLÁUSULAS INDEPENDIENTES
My aunt visited South Africa, and her daughter went to Egypt.
Mi tía visitó Sudáfrica, y su hija fue a Egipto.

→ **Concepto clave**

Una **cláusula subordinada** no puede funcionar como una oración completa por sí sola. Sólo puede ser parte de una oración.

We visited Kenya, <u>which is a country in Africa</u>, for two weeks.
Visitamos Kenia, <u>que es un país de África</u>, durante dos semanas.

Hay tres clases de cláusulas subordinadas: cláusulas adjetivas, adverbiales y nominales.

Cláusulas adjetivas

→ **Concepto clave**

Una **cláusula adjetiva** es una cláusula subordinada que modifica un sustantivo o pronombre y responde a la pregunta *what kind?* (¿qué clase?) o *which one* (¿cuál?).

Las cláusulas adjetivas generalmente empiezan con un pronombre relativo, como *that, which, who, whom* o *whose.* También pueden empezar con un adverbio relativo, como *before, since, when, where* o *why.*

Ghana, <u>which means "land of gold,"</u> is located in Africa.
Ghana, <u>que significa "tierra de oro"</u>, está ubicada en África.

Modificar sustantivos y pronombres Las cláusulas adjetivas, igual que los adjetivos de una palabra o las frases adjetivas, pueden modificar a los sustantivos o pronombres de una oración.

CLÁUSULA QUE MODIFICA UN SUJETO
The country <u>where I was born</u> is Ghana.
El país <u>donde nací</u> es Ghana.

CLÁUSULA QUE MODIFICA UN OBJETO DIRECTO
We had a beverage <u>that was made of different roots</u>.
Tomamos una bebida <u>que estaba hecha de diferentes raíces</u>.

Combinar oraciones Las cláusulas adjetivas te permiten combinar la información de dos oraciones en una sola oración.

DOS ORACIONES SEPARADAS

Ghana has a varied landscape. It is most densely populated along the coast.

Ghana tiene un paisaje variado. Está poblada más densamente en la costa.

DOS ORACIONES COMBINADAS

Ghana, <u>whose landscape is varied</u>, is most densely populated along the coast.

Ghana, <u>cuyo paisaje es variado</u>, está poblada más densamente en la costa.

Pronombres relativos Un pronombre relativo tiene dos funciones. Primero, conecta a la cláusula con la palabra que la cláusula modifica. Segundo, actúa dentro de la cláusula como sujeto, complemento directo, complemento de preposición o adjetivo.

Estos son algunos de los pronombres relativos: *who* (que persona), *whom* (quien), *whose* (cuyo), *which* (el cual), *that* (que cosa).

→ Concepto clave

Los **pronombres relativos** conectan a las cláusulas adjetivas con las palabras a las que modifican, y actúan como sujetos, complementos directos, complementos de preposiciones o adjetivos de las cláusulas.

> En tu libro de texto en inglés aparecen ejemplos de cláusulas adjetivas.

Puedes determinar cómo se usa un pronombre relativo dentro de una cláusula si separas la cláusula del resto de la oración y luego buscas el sujeto y el verbo de la cláusula.

Adverbios relativos

→ Concepto clave

Los **adverbios relativos** *where* (donde) y *when* (cuando) conectan las cláusulas adjetivas a las palabras que modifican y actúan como adverbios dentro de las cláusulas.

The settlers cleared a plot of land <u>where they could build</u>.
Los colonos limpiaron una parcela de terreno <u>donde pudieran construir</u>.

Cláusulas adverbiales

Además de funcionar como adjetivos, las cláusulas subordinadas pueden cumplir la función de adverbios.

¡Atención!
Una cláusula adjetiva debe estar cerca de la palabra a la que modifica. Si no lo está, el significado de la oración puede no quedar claro.

¿Sabías que...
a veces el pronombre relativo no se incluye en una cláusula adjetiva? La palabra que falta, o palabra implícita, se sobreentiende.

→ Concepto clave

Una **cláusula adverbial** es una cláusula subordinada que modifica un verbo, adjetivo, adverbio o verboide, respondiendo a las preguntas *where, when, in what way, to what extent, under what conditions, why* (dónde, cuándo, de qué manera, en qué medida, bajo qué condiciones, por qué).

→ Concepto clave

Todas las cláusulas adverbiales comienzan con conjunciones de subordinación.

He ran <u>as if he had twisted an ankle</u>.
Corría <u>como si se hubiera torcido un tobillo</u>.

> En tu libro de texto en inglés aparece una lista de las conjunciones de subordinación más comunes.

Modificación de diferentes palabras Una cláusula adverbial puede modificar un verbo, un adjetivo o un adverbio.

> En tu libro de texto en inglés aparecen ejemplos de cláusulas adverbiables.

Ubicación en las oraciones Las cláusulas adverbiales se pueden colocar al principio, en el medio o al final de las oraciones. Cuando la cláusula está al comienzo o en el medio de la oración, va separada por comas.

AL PRINCIPIO
<u>When it rains</u>, the river often floods.
<u>Cuando llueve</u>, el río suele desbordarse.

EN MEDIO
The river, <u>when it rains</u>, often floods.
El río, <u>cuando llueve</u>, suele desbordarse.

AL FINAL
The river often floods <u>when it rains</u>.
El río suele desbordarse <u>cuando llueve</u>.

Usar cláusulas adverbiales para combinar oraciones Igual que las cláusulas adjetivas, las cláusulas adverbiales con frecuencia se pueden usar para combinar la información de dos oraciones en una sola oración.

We were outside. The cat broke the vase.
Estábamos afuera. El gato rompió el florero.

<u>While we were outside</u>, the cat broke the vase.
<u>Mientras estábamos afuera</u>, el gato rompió el florero.

Cláusulas adverbiales elípticas Cuando las cláusulas adverbiales que comienzan con *as* o *than* se usan para expresar comparaciones, a veces se dejan implícitas algunas palabras. Estas cláusulas se llaman *cláusulas elípticas*.

¡Atención!
Trata de colocar la cláusula adverbial tan cerca como sea posible de la palabra a la que modifica.

¡Recuerda!
Al escribir cláusulas elípticas, debes añadir mentalmente las palabras que faltan para asegurarte de que la oración tenga significado.

→ Concepto clave

Una **cláusula elíptica** es un cláusula adverbial que comienza
con *as* o *than* y en la que el verbo o el sujeto y el verbo quedan
implícitos y no se escriben.

VERBO IMPLÍCITO
I respect him more <u>than she (does)</u>.
Yo lo respeto más <u>que ella (lo respeta)</u>.

SUJETO Y VERBO IMPLÍCITO
I respect him more <u>than (I respect) her</u>.
Lo respeto a él más <u>que (la respeto) a ella</u>.

Cláusulas nominales

→ Concepto clave

Una **cláusula nominal** es una cláusula subordinada que actúa
como sustantivo en diferentes partes de una oración.

> En tu libro de texto en inglés aparecen ejemplos de
> distintos tipos de cláusulas nominales.

◆ Las oraciones según su estructura

Todas las oraciones pueden clasificarse de dos maneras.
Primero, de acuerdo a su estructura, es decir, de acuerdo al
número y tipo de cláusulas que tienen. Segundo, según su
función, o sea de acuerdo a lo que hacen: expresar ideas, hacer
preguntas, dar órdenes o expresar emociones.

Las cuatro estructuras de las oraciones

Hay dos clases de cláusulas: independientes y subordinadas.
Éstas se pueden usar para formar las siguientes cuatro
estructuras básicas de las oraciones: simple, compuesta,
compleja y compuesta compleja.

→ Concepto clave

Una **oración simple** consiste de una sola cláusula
independiente.

En la oración simple, el sujeto, el verbo, o ambos, pueden ser
compuestos. Una oración simple también puede tener frases
modificadoras y complementos, pero no tiene cláusulas
subordinadas.

> En tu libro de texto en inglés aparece una tabla con
> ejemplos de oraciones simples.

➜ **Concepto clave**

Una **oración compuesta** consiste de dos o más cláusulas
independientes.

Las cláusulas de una oración compuesta pueden estar unidas
por una coma y una conjunción coordinativa *(and, but, for, nor,
or, so, yet)* o por un punto y coma. Al igual que una oración
simple, una oración compuesta no tiene cláusulas subordinadas.

Mark finished his studies last year; now he is looking for a job.
Mark terminó sus estudios el año pasado; ahora está
buscando trabajo.

➜ **Concepto clave**

Una **oración compleja** consiste de una cláusula independiente y
una o más cláusulas subordinadas.

La cláusula independiente en una oración compleja se llama
cláusula principal para distinguirla de la cláusula o cláusulas
subordinadas. El sujeto y el verbo de la cláusula independiente
son el sujeto de la oración y verbo principal.

*The doll <u>that the bride carries</u> is made of clay, <u>which abounds in
that region</u>.*
La muñeca <u>que la novia lleva</u> está hecha de arcilla, <u>que abunda
en esa región</u>.

➜ **Concepto clave**

En las oraciones complejas con cláusulas nominales, el sujeto de
la cláusula principal puede ser la cláusula subordinada.

<u>That I knew the answer</u> surprised all my classmates.
<u>Que yo supiera la respuesta</u> sorprendió a mis compañeros.

➜ **Concepto clave**

Una oración **compuesta compleja** consiste de dos o más
cláusulas independientes y una o más cláusulas subordinadas.

*<u>When the lights went out</u>, we felt extremely uneasy, but we
always knew <u>that morning would eventually come</u>.*
<u>Cuando las luces se apagaron</u>, nos sentimos sumamente
inquietos, pero sabíamos <u>que amanecería tarde o temprano</u>.

Practica ✍

1. Subraya la cláusula adjetiva en cada una de las siguientes oraciones. Identifica la palabra modificada por esta cláusula, y enciérrala en un círculo.

a. The ruins that were found yesterday belonged to an ancient culture.

b. A trapper who knew the forest well led the safari.

c. We need a cook who can prepare African meals.

d. The box that contained the maps is missing.

e. They finally met the hunter whom they had admired for so long.

2. En el espacio en blanco, escribe la cláusula adverbial, añadiendo cualquier palabra implícita que haya sido dejada de lado.

a. Although tired, the explorers continued their search. _______________________

b. I visit Africa as often as you. _______________________

c. If possible, they will cross the river tomorrow. _______________________

d. That tiger runs as fast as a panther. _______________________

e. Those farmers value their land more than their friends. _______________________

3. Subraya la cláusula nominal de cada oración. Luego, en el espacio en blanco escribe la función que esta cláusula cumple: sujeto, complemento directo, complemento indirecto, predicado nominal o complemento de una preposición.

a. Wild animals attack whomever they see. _______________________

b. This medicine is what will cure that terrible disease. _______________________

c. Whoever knows how to drive must be in charge of the truck. _______________________

d. They had to sleep outside or in whatever cave they found. _______________________

e. We will give whatever animal we find this food. _______________________

4. Identifica la estructura de cada una de las siguientes oraciones, y escribe la letra correspondiente en el espacio en blanco: simple (a), compuesta (b), compleja (c) o compuesta compleja (d).

a. Although it wasn't safe, we decided to take a stroll in the forest. _______________________

b. The weather was very hot, but the humidity was low that day. _______________________

c. That landscape is the most beautiful and startling in the whole country. _______________________

d. When you see a snake, you must try to stay calm. _______________________

e. The road, which was in bad shape, took us to a deserted area; however, we kept walking because we hoped the lake was not far. _______________________

Aplica ✍

5. Escribe un párrafo en el cual describas una región geográfica que conozcas o sobre la cual hayas leído. Usa cláusulas y oraciones con diferentes estructuras.

____

____

____

CAPÍTULO 22

Oraciones efectivas

Todos los días usamos oraciones para preguntar, decir algo, expresar emociones, dar órdenes o compartir información. El primer paso del proceso de escritura es crear oraciones que comuniquen lo que queremos decir.

22.1 Las cuatro funciones de la oración

Las oraciones se pueden clasificar de acuerdo a lo que hacen: presentar ideas, hacer preguntas, dar órdenes o expresar emociones. Las oraciones pueden ser de cuatro tipos: enunciativas, interrogativas, imperativas o exclamativas.

Las oraciones enunciativas o declarativas son las más comunes. Se usan para comunicar o "declarar" hechos y estados.

➜ Concepto clave

Una **oración enunciativa** expresa una idea y termina con un punto.

In many Asian countries, wildcats are common.
En muchos países asiáticos, los gatos monteses son comunes.

"Interrogar" significa "preguntar". Una oración interrogativa es una pregunta.

➜ Concepto clave

Una **oración interrogativa** hace una pregunta y termina con un signo de interrogación.

In what region do tigers live?
¿En qué región viven los tigres?

La palabra "imperativa" está relacionada con la palabra "emperador", una persona que da órdenes. Las oraciones imperativas dan órdenes.

➜ Concepto clave

Una **oración imperativa** da una orden o instrucción, y puede terminar con un punto o con un signo de exclamación.

La mayoría de las oraciones imperativas comienzan con un verbo y el sujeto, tú o ustedes *(you)*, se sobreentiende:

Watch out for lions while on the safari!
¡Tengan cuidado con los leones mientras estén de safari!

"Exclamar" significa "hablar con fuerza". Las oraciones exclamativas se usan para "expresar con fuerza" nuestras emociones.

¡Recuerda!
En inglés, las oraciones interrogativas siempre terminan con el signo de interrogación (?), y las oraciones exclamativas siempre terminan con el signo de exclamación (!).

Una **oración exclamativa** comunica una emoción fuerte y
termina con un signo de exclamación.

She is not telling you the truth!
¡Ella no te está diciendo la verdad!

¡*Compara!*

En español, las oraciones interrogativas llevan también signos de
interrogación, y las exclamativas llevan también los signos de
exclamación. La diferencia con el inglés radica en que los signos
van tanto al principio como al final ("¿...?" o "¡...!").

Practica

1. *Escribe junto a cada oración qué tipo de oración es: enunciativa, interrogativa,
imperativa o exclamativa.*

a. That cat is so scary! ____

b. Write an essay about your favorite feline. _______________________________

c. When did cats become domestic animals? _______________________________

d. The leopard has reddish hair with black spots. ___________________________

e. Look at those sharp claws! ____

22.2 *Combinar oraciones*

Si al escribir usas demasiadas oraciones cortas, tu redacción
puede parecer entrecortada y poco clara. Una manera de evitar el
uso excesivo de oraciones cortas y presentar una variedad de
oraciones, es combinarlas.

→ **Concepto clave**

Las oraciones se pueden combinar para formar un sujeto
compuesto, un verbo compuesto o un complemento compuesto.

SUJETO COMPUESTO
Moira loves lions. Jon loves lions.
Moira and Jon love lions.

Moira ama a los leones. Jon ama a los leones.
Moira y Jon aman a los leones.

PREDICADO COMPUESTO
Lisa played the game. Lisa won a prize.
Lisa played the game and won a prize.

Lisa jugó el juego. Lisa ganó un premio.
Lisa jugó el juego y ganó un premio.

COMPLEMENTO COMPUESTO
Bob saw a lion. Bob saw a hyena.
Bob saw a lion and a hyena.

Bob vio un león. Bob vio una hiena.
Bob vio un león y una hiena.

➜ **Concepto clave**

Las oraciones se pueden combinar uniendo dos cláusulas
independientes para crear una oración compuesta.

Usa oraciones independientes cuando quieras combinar ideas
relacionadas pero independientes. Las oraciones compuestas se
forman uniendo dos cláusulas independientes con una coma y
una conjunción coordinativa (*and, but, or, yet, so*), o con un
punto y coma.

ORACIONES SEPARADAS
*The antelope was on the lookout for enemies. It did not notice the
lion hiding in the high grass nearby.*
El antílope estaba al pendiente de enemigos. No notó que el león
estaba escondido en los pastos cercanos.

ORACIÓN COMPUESTA
*The antelope was on the lookout for enemies, but it did not notice
the lion hiding in the high grass nearby.*
El antílope estaba al pendiente de enemigos, pero no notó que el
león estaba escondido en los pastos cercanos.

➜ **Concepto clave**

Las oraciones también se pueden combinar transformando
una de ellas en una cláusula subordinada, para crear una
oración compleja.

Usa oraciones complejas cuando quieras combinar oraciones
para mostrar la relación entre ideas en la que una depende de la
otra. La conjunción de subordinación ayudará a los lectores a
entender la relación.

ORACIONES SEPARADAS
*We were frightened. We thought the lion we saw on safari
was hungry.*
Estábamos asustados. Pensamos que el león que vimos en el
safari tenía hambre.

ORACIÓN COMPLEJA
*We were frightened because we thought the lion we saw on safari
was hungry.*
Estábamos asustados porque pensamos que el león que vimos
en el safari tenía hambre.

➜ **Concepto clave**

Dos oraciones se pueden combinar si se transforma una de ellas
en una frase.

ORACIONES SEPARADAS
My team plays tomorrow. We play the Cougars.
Mi equipo juega mañana. Jugamos contra los Pumas.

ORACIONES COMBINADAS USANDO UNA FRASE PREPOSICIONAL
My team plays tomorrow against the Cougars.
Mi equipo juega mañana contra los Pumas.

ORACIONES SEPARADAS

*My team plays tomorrow against the Cougars. They are the only
undefeated team in the league.*

Mi equipo juega mañana contra los Pumas. Son el único equipo
invicto de la liga.

ORACIONES COMBINADAS USANDO UNA FRASE APOSITIVA

*My team plays tomorrow against the Cougars, the only
undefeated team in the league.*

Mi equipo juega mañana contra los Pumas, el único equipo
invicto de la liga.

ORACIONES SEPARADAS

*The Cougars scored quickly. The Cougars jumped out to a two-
goal lead.*

Los Pumas anotaron rápidamente. Los Pumas obtuvieron una
ventaja de dos goles.

ORACIONES COMBINADAS USANDO UNA FRASE CON PARTICIPIO

Scoring quickly, the Cougars jumped out to a two-goal lead.

Anotando rápidamente, los Pumas obtuvieron una ventaja de
dos goles.

Practica ✍

**1. Combina cada par de oraciones en una sola, de acuerdo a la instrucción dada
entre paréntesis.**

a. The tiger eats meat. Sometimes it eats fish. (oración compuesta)

____

b. I have to write an report. The topic is felines. (oración con frase preposicional)

____

c. The panther is a very big animal. It can easily climb trees. (oración compleja)

____

d. That cougar seems hungry. We must stay away from it. (oración compuesta)

____

e. The lion could not chase the zebra. The lion is considered the best hunter in the jungle.
(oración con frase apositiva)

____

22.3 *Variar las oraciones*

Variar la extensión y el formato de las oraciones puede hacerlas
más interesantes. También puede ayudarte a darles ritmo, para
que tengan un mayor efecto o para enfatizar las conexiones
entre ideas.

◆ Variar el tamaño de las oraciones

Ya sabes cómo combinar varias oraciones cortas que suenan
entrecortadas para formar oraciones más largas, fluidas y
completas. Sin embargo, muchas oraciones largas, una después
de la otra, pueden ser tan difíciles de leer como las oraciones
cortas. Cuando quieras enfatizar un punto o sorprender al
lector, coloca una oración corta y directa entre varias oraciones
largas.

UNA SOLA ORACIÓN LARGA
*The casual observer may think of the unicycle as a circus toy, but
it is a complex machine that requires great coordination and skill,
as you will learn if you ever try one.*
Al ver un monociclo, de primera intención se podría pensar que
es un juguete de circo, pero es una máquina compleja que
requiere muchísima coordinación y habilidad, como te podrás
dar cuenta si alguna vez intentas montar uno.

DOS ORACIONES ACORTADAS
*The unicycle looks like a simple circus toy. However, if you ever
try one, you will see that it requires great coordination and skill.*
El monociclo parece un simple juguete de circo. Sin embargo, si
alguna vez intentas montar uno, notarás que requiere
muchísima coordinación y habilidad.

◆ Variar el comienzo de las oraciones

Otra manera de lograr una variedad de oraciones es evitar
comenzarlas todas de la misma manera. Puedes empezar las
oraciones con distintos tipos de palabras o frases.

EMPEZAR CON UNA FRASE CON INFINITIVO
To win the race is his goal.
Ganar la carrera es su meta.

En tu libro de texto en inglés aparece más ejemplos de oraciones
que comienzan con distintos tipos de palabras o frases.

◆ Invertir el orden de sujeto y verbo

Otra manera de variar los comienzos de oraciones es invertir el
orden tradicional con el sujeto seguido del verbo.

ORDEN SUJETO VERBO
The bus is here.
El autobús está aquí.

ORDEN INVERSO
Here is the bus.
Aquí está el autobús.

Practica ✍

1. *Vuelve a escribir las siguientes oraciones, haciéndolas más simples y directas o separándolas en dos oraciones.*

a. Although many new and faster means of transportation have been invented in the last century, the bicycle is still a very popular vehicle, all over the world children and adults ride their bicycles to go to school, to go to work, or simply to have a good time.

____

____

b. The activity of riding a bicycle requires from the cyclist a great deal of muscle and brain effort, to keep the bicycle in motion one has to be able to maintain the balance and pedal forward, and at the same time concentrate on the road and pay attention to the other vehicles.

____

____

c. Yesterday I was riding my bike on the path that goes to the lake when all of a sudden one of the tires went flat, first I didn't know what to do but then I remembered there is a gas station on the highway that runs along the path, so I went there and had the attendant fix it.

____

____

22.4 *Evitar errores en las oraciones*

Los fragmentos, las oraciones seguidas y los modificadores mal colocados pueden confundir a tus lectores. Estar pendiente de estos errores te ayudará a evitarlos.

◆ Reconocer fragmentos

Algunos grupos de palabras, aunque comienzan con mayúscula y tienen un punto al final, no son oraciones completas. Son fragmentos.

→ Concepto clave

Un **fragmento** es un grupo de palabras que no expresa una idea completa pero al cual se le ha puesto la puntuación de una oración completa.

In the early evening.	Temprano por la tarde.
Felt happy and relaxed.	Sentía feliz y relajado.

Los anteriores fragmentos están escritos como oraciones completas, pero no lo son. El primero necesita un sujeto y un verbo. El segundo necesita sólo un sujeto. Compáralos con estas oraciones completas.

The concert began in the early evening.
El concierto comenzó temprano por la tarde.

I felt happy and relaxed.   Me sentía feliz y relajado.

◆ Corregir fragmentos: frases

Una frase sola es un fragmento. No puede funcionar
independientemente porque no tiene ni sujeto ni verbo.

➜ Concepto clave

Una frase no debe empezar con mayúscula ni debe tener la
puntuación de una oración completa.

Tres tipos de frases —preposicionales, con participio y con
infinitivo— pueden confundirse con oraciones completas.
Una frase sola puede convertirse en una oración de dos
maneras. La primera es tratar de añadir el fragmento a una
oración adyacente.

FRAGMENTO
The orchestra began rehearsing. <u>At 8:00 in the morning</u>.
La orquesta comenzó a ensayar. <u>A las ocho de la mañana</u>.

AGREGADO A LA ORACIÓN ADYACENTE
The orchestra began rehearsing <u>at 8:00 in the morning</u>.
La orquesta comenzó a ensayar <u>a las ocho de la mañana</u>.

La otra forma de corregir un fragmento es agregando las
palabras necesarias para convertirlo en una oración completa.

FRAGMENTO
Near the historic park.
Cerca del parque histórico.

ORACIÓN COMPLETA
The band played near the historic park.
La banda tocó cerca del parque histórico.

◆ Corregir fragmentos: cláusulas

➜ Concepto clave

Una cláusula subordinada no debe empezar con mayúscula ni
tener la puntuación de una oración completa.

Las cláusulas subordinadas no expresan pensamientos
completos. Si bien una cláusula subordinada adjetiva o
adverbial tiene un sujeto y un verbo, no puede actuar sola como
una oración. Como en el caso de las frases, las *cláusulas* solas
que aparecen como fragmento, generalmente se pueden corregir
de dos maneras. Una manera es agregar el fragmento a una
oración contigua.

FRAGMENTO
*The class enjoyed the verses. <u>That I recited to them as part of my
oral report</u>.*
La clase disfrutó los versos. <u>Que les recité como parte de mi
informe oral</u>.

AGREGADO A LA ORACIÓN CONTIGUA
*The class enjoyed the verses <u>that I recited to them as part of my
oral report</u>.*
La clase disfrutó los versos <u>que les recité como parte de mi
informe oral</u>.

Para transformar una cláusula en una oración de la segunda
manera, debes agregarle una cláusula independiente.

FRAGMENTO
When he knocked.
Cuando tocó.

ORACIÓN COMPLETA
I opened the door <u>when he knocked</u>.
Abrí la puerta <u>cuando tocó</u>.

◆ Oraciones superpuestas

➜ Concepto clave

Dos o más oraciones completas que no están unidas o separadas
correctamente forman una **oración superpuesta,** en inglés, *run-
on sentences*.

Dos clases de oraciones superpuestas

Hay dos clases de oraciones superpuestas. Una clase son dos o
más oraciones que se siguen sin ninguna clase de puntuación
entre ellas. Éstas son las *fused sentences* (oraciones
empalmadas). La otra clase consiste en dos o más oraciones
separadas sólo por una coma, en vez de una coma y una
conjunción, o un punto y coma. A esta unión de oraciones
seguidas se le llama *comma splice* (oraciones unidas por coma
erróneamente).

ORACIONES EMPALMADAS
I use our library often the reference section is my favorite part.
Yo uso la biblioteca con frecuencia la sección de referencia es mi
parte favorita.

ORACIONES UNIDAS POR COMA ERRÓNEAMENTE
*The keyboard makes a sound when the keys are pressed down,
the harpsichord, piano, and organ are keyboard instruments.*
El teclado produce sonido cuando se oprimen las teclas, el
clavicordio, el piano y el órgano son instrumentos de teclado.

Tres maneras de corregir oraciones superpuestas

Hay tres maneras de corregir las oraciones superpuestas.

Usar la puntuación final Los signos de puntuación final son los
puntos, los signos de interrogación y los de exclamación.

➜ Concepto clave

Usa un signo de puntuación final para dividir una oración
superpuesta en dos oraciones.

    Usados correctamente, los signos de puntuación final dividen
la oración superpuesta en dos oraciones completas más cortas.
Asegúrate de usar el signo correcto al final de la primera
oración.

ORACIÓN SUPERPUESTA
Play the maracas, they are easier than most instruments.
Toca las maracas, son más fáciles de tocar que la mayoría de los
instrumentos.

ORACIONES CORREGIDAS

Play the maracas. They are easier than most instruments.
Toca las maracas. Son más fáciles de tocar que la mayoría de los
instrumentos.

Usar comas y conjunciones coordinativas Si las dos partes de
una oración superpuesta están relacionadas y deben permanecer
en la misma oración, la oración superpuesta puede ser
transformada en una oración compuesta.

➜ Concepto clave

Usa una coma y una conjunción coordinativa para combinar dos
cláusulas independientes y formar una oración compuesta.

Las cinco conjunciones coordinativas que más se usan son:
and, but, or, for y *nor* (y, pero, o, dado que, ni).

ORACIÓN SUPERPUESTA

I want to go to the concert I don't have any money.
Quiero ir al concierto no tengo dinero.

ORACIÓN CORREGIDA

I want to go to the concert, but I don't have any money.
Quiero ir al concierto, pero no tengo dinero.

Usar el punto y coma A veces puedes usar un punto y coma
para poner la puntuación correcta entre las dos partes de una
oración seguida.

➜ Concepto clave

Usa un punto y coma para conectar dos ideas estrechamente
relacionadas.

ORACIÓN SUPERPUESTA

*The first performance begins at 6:30, the second show doesn't
start until 9:15.*
La primera función empieza a las 6:30, la segunda no empieza
hasta las 9:15.

ORACIÓN CORREGIDA

*The first performance begins at 6:30; the second show doesn't
start until 9:15.*
La primera función empieza a las 6:30; la segunda no empieza
hasta las 9:15.

◆ Modificadores mal colocados

➜ Concepto clave

Para evitar confundir al lector, el modificador debe colocarse tan
cerca como sea posible de la palabra a la cual modifica.

Reconocer los modificadores mal colocados

Un modificador muy alejado de la palabra o palabras a las que
modifica hace que el sentido de la oración sea poco claro, ya que
puede parecer que está modificando a otras palabras de la
oración.

   Spanish Support Book

MODIFICADOR MAL COLOCADO
We rented a recorder from the music store <u>with an instruction booklet</u>.
Alquilamos una flauta dulce en la tienda de música <u>con un folleto de instrucciones</u>.

ORACIÓN CORREGIDA
At the music store, we rented a recorder <u>with an instruction booklet</u>.
En la tienda de música, alquilamos una flauta dulce <u>con un folleto de instrucciones</u>.

Revisar las oraciones con modificadores mal colocados

Las frases preposicionales, las cláusulas con participio y las cláusulas adjetivas son los modificadores que con más frecuencia se colocan mal en las oraciones. Todas se pueden corregir colocando al modificador tan cerca como sea posible de la palabra a la cual modifica.

MODIFICADOR MAL COLOCADO
Lydia played the trombone in the band <u>with great enthusiasm</u>.
Lydia tocaba el trombón en la banda <u>con gran entusiasmo</u>.

ORACIÓN CORREGIDA
<u>With great enthusiasm</u>, Lydia played the trombone in the band.
<u>Con gran entusiasmo</u>, Lydia tocaba el trombón en la banda.

→ Concepto clave

Cuando una frase con participio abre una oración, coloca la palabra a la que modifica inmediatamente después.

PALABRA MAL COLOCADA
<u>Flying over the mountains</u>, the electrical storm endangered our plane.
<u>Volando sobre las montañas</u>, la tormenta eléctrica ponía en peligro nuestro avión.

ORACIÓN CORREGIDA
<u>Flying over the mountains</u>, our plane was endangered by an electrical storm.
<u>Volando sobre las montañas</u>, nuestro avión estaba en peligro por una tormenta eléctrica.

Una cláusula adjetiva debe también aparecer cerca de la palabra a la cual modifica.

PALABRA MAL COLOCADA
I played the piccolo after several months of practicing <u>that my grandfather gave me</u>.
Tocaba el flautín después de varios meses de practicar <u>que mi abuelo me dio</u>.

ORACIÓN CORREGIDA
After several months of practicing, I played the piccolo <u>that my grandfather gave me</u>.
Después de varios meses de practicar, tocaba el flautín <u>que mi abuelo me dio</u>.

Practica ✎

1. Convierte cada uno de los fragmentos (frases) en una oración completa, añadiéndoles uno de los siguientes grupos de palabras.

> *You must have big lungs*
> *She still got nervous in front of the audience*
> *I used to play*
> *He composed that song*

a. In the school band. ___________________________

b. While rehearsing in his yard. ___________________________

c. To play the trumpet. ___________________________

d. Long after her first concert. ___________________________

e. Until we had all the instruments we needed. ___________________________

f. That the orchestra plays in all its concerts. ___________________________

2. Corrige y vuelve a escribir las siguientes oraciones superpuestas, usando cualquiera de los tres métodos: puntuación final, punto y coma, o coma y conjunción coordinativa.

a. You are such an incredible musician, we really admire your work.

____

b. He was supposed to play today, he is not feeling well.

____

c. The director made a signal, the musicians got ready to start.

____

d. The composer decided to change some notes to make the symphony more dramatic that confirmed his well-known perfectionism.

____

Aplica ✎

3. Escribe un párrafo sobre alguna presentación artística a la que hayas asistido, por ejemplo un concierto, una obra de teatro o un espectáculo de danza. Asegúrate de no usar fragmentos, oraciones superpuestas o modificadores mal colocados.

____

____

____

CAPÍTULO 23

El uso de los verbos

Los verbos tienen distintas formas para expresar diferentes significados. Este capítulo explica cómo se forman los verbos, cómo indican el tiempo y cómo indican quién realiza una acción.

23.1 *Tiempos verbales*

→ Concepto clave

El **tiempo** es la forma del verbo que muestra cuándo ocurre una acción o existe un estado o condición.

◆ Los seis tiempos verbales

Los verbos en inglés tienen seis tiempos que indican si algo ocurre ahora, si ocurrió en algún momento pasado o si va a ocurrir en algún momento en el futuro. Cada uno de estos tiempos se puede expresar de dos maneras diferentes.

→ Concepto clave

Cada tiempo tiene una forma básica y una forma que muestra duración, llamada en inglés *progressive*, progresiva o durativa.

FORMAS BÁSICAS DE LOS SEIS TIEMPOS

PRESENTE
She skis for a hobby.
Ella esquía como pasatiempo.

PASADO
She skied every day last year.
Ella esquió todos los días el año pasado.

FUTURO
She will ski again this year.
Ella esquiará nuevamente este año.

PRESENTE PERFECTO
She has skied at many different resorts.
Ella ha esquiado en muchos centros turísticos.

PASADO PERFECTO
She had skied when she was only three years old.
Ella había esquiado cuando tenía solo tres años.

FUTURO PERFECTO
She will have skied ten times this season by Valentine's Day.
Ella habrá esquiado diez veces esta temporada antes del día de San Valentín.

Las formas básicas se identifican simplemente con el nombre de sus tiempos. Las formas progresivas se identifican con el nombre de sus tiempos y la palabra *durativo*.

FORMAS PROGRESIVAS DE LOS SEIS TIEMPOS

PRESENTE DURATIVO
She is skiing down a mountain now.
Ella <u>está esquiando</u> en una montaña ahora.

PASADO DURATIVO
She was skiing yesterday morning.
Ella <u>estuvo esquiando</u> ayer por la mañana.

FUTURO DURATIVO
She will be skiing again very soon.
Ella <u>estará esquiando</u> nuevamente mañana.

PRESENTE PERFECTO DURATIVO
She has been skiing for years.
Ella <u>ha estado esquiando</u> durante años.

PASADO PERFECTO DURATIVO
She had been skiing when she broke her leg.
Ella <u>había estado esquiando</u> cuando se rompió la pierna.

FUTURO PERFECTO DURATIVO
She will have been skiing for a decade by the end of this year.
Ella <u>habrá estado esquiando</u> por una década al final de este año.

¡Compara!

En inglés hay un pasado simple (*skied*), en español existen dos, pretérito (*esquié*) y pretérito imperfecto (*esquiaba*).

◆ Las cuatro partes principales de los verbos

Los tiempos están formados por partes principales y verbos auxiliares.

→ Concepto clave

Los verbos tienen cuatro **partes principales:** el presente, el participio presente, el pasado y el participio pasado.

PRESENTE
eat como   *walk* camino

PARTICIPIO PRESENTE
eating comiendo   *walking* caminando

PASADO
ate comí   *walked* caminé

PARTICIPIO PASADO
eaten comido   *walked* caminado

La primera parte principal, el **presente**, se usa para formar el presente y los tiempos del futuro. En presente, se añade una *-s* o *-es* cuando el sujeto es la tercera persona (*he, she, it*) o un nombre en singular (*Paul runs*). Para formar los tiempos del futuro se añade el auxiliar *will* (*Paul will run*).

La segunda parte principal, el **participio presente**, se usa junto con varios auxiliares para formar las seis formas progresivas (*Paul was running*).

La tercera parte principal, el **pasado**, se usa para formar el pasado (*Paul ran*).

La cuarta parte principal, el **participio pasado**, se usa con auxiliares para formar los tres tiempos perfectos (*Paul has run, Paul had run, Paul will have run*).

◆ Verbos regulares e irregulares

La forma en que se forman el pasado y el participio pasado de un verbo determina si el verbo es *regular* o *irregular*.

Verbos regulares La mayoría de los verbos del inglés son regulares.

→ Concepto clave

El pasado y el participio pasado de un **verbo regular** se forman añadiendo *-ed* o *-d* a la forma presente.

El pasado y el participio pasado de los verbos regulares tienen la misma forma.

PRESENTE	PASADO/PARTICIPIO PASADO
jump salto	*jumped* salté/saltado
change cambio	*changed* cambié/cambiado

Verbos irregulares Aunque la mayoría de los verbos en inglés son regulares, algunos verbos muy comunes son irregulares.

→ Concepto clave

El pasado y el participio pasado de un **verbo irregular** no se forman añadiendo *-ed* o *-d* a la forma presente.

El pasado y el participio pasado de los verbos irregulares se forman de distintas maneras. No hay una regla para formarlos, por lo cual es necesario aprender estas formas una por una.

> En tu libro de texto en inglés aparecen dos tablas con ejemplos de verbos irregulares.

◆ Conjugación

Con las partes principales de los verbos y los auxiliares puedes formar todos los tiempos. Una forma de familiarizarte con las diferentes formas de los verbos es mirando su *conjugación*.

¡Atención!
A veces, la consonante final de un verbo se duplica antes de añadir *-ing* al formar el participio presente, o *-ed* al formar el pasado o el participio pasado: skip / skip*ping* / skip*ped*.

¡Atención!
Si no conoces las partes principales de un verbo o no estás seguro de su ortografía, consulta un diccionario.

La **conjugación** de un verbo es la lista completa de todas las formas de ese verbo.

Estas formas son las correspondientes a la primera persona en singular (*I*) y plural (*we*); a la segunda persona en singular y plural (*you*); y a la tercera persona en singular (*he, she, it*) y plural (*they*).

Para conjugar los seis tiempos verbales en sus formas básicas, necesitas sólo tres partes principales: el presente, el pasado y el participio pasado. Para conjugar los seis tiempos en su forma durativa, necesitas el participio presente y una forma del verbo *be*.

En tu libro de texto en inglés aparece una tabla con la conjugación básica del verbo *see* (ver).

◆ La expresión del tiempo en los verbos

Sabes que el tiempo de un verbo indica el tiempo de la acción o del estado o condición expresado por el verbo. Los tiempos y sus usos son los siguientes:

PRESENTE
Acción o estado en el presente: *see* (veo)
Acción o estado continuo: *am seeing* (estoy viendo)

PASADO
Acción o estado concluido: *saw* (vi, veía)
Acción o estado continuo concluido: *was seeing* (estaba viendo)

PRESENTE PERFECTO
Acción o estado concluido: *have seen* (he visto)
Acción o estado que se continúa en el presente: *have been seeing* (he estado viendo)

PASADO PERFECTO
Acción o estado concluido antes que otro: *had seen* (había visto)
Acción continua interrumpida por otra: *had been seeing* (había estado viendo)

FUTURO
Acción o estado futuro: *will see* (veré)
acción o estado futuro continuo: *will be seeing* (estaré viendo)

FUTURO PERFECTO
Acción o estado futuro concluido antes que otro: *will have seen* (habré visto)
Acción futura concluida antes que otra: *will have been seeing* (habré estado viendo)

Practica ✍

1. *Escribe en los espacios en blanco los nombres de los tiempos verbales subrayados en las siguientes oraciones.*

a. People <u>have been skiing</u> for more than a century now. ————————————

b. The instructor <u>has given</u> us some tips on how to climb down faster. ————————

c. They <u>will try</u> to build a new trail for the next season. ————————————

d. I <u>had been climbing</u> for two hours when I found the cave. ————————————

e. They <u>had trained</u> for months for the competition. ————————————

2. *Escoge el verbo que completa correctamente cada una de las siguientes oraciones.*

A. The baseball players ____________ at the field now.
- **a.** were training
- **b.** are training
- **c.** have trained

B. Baseball ____________ in popularity since it was created.
- **a.** will grow
- **b.** has grown
- **c.** had been growing

C. Many youngsters ____________ the baseball camp next year.
- **a.** will attend
- **b.** attend
- **c.** attended

D. Before the game, the pitcher always ____________ up in the auxiliary field.
- **a.** warmed
- **b.** warming
- **c.** will have been warming

E. I didn't know if the game ____________ yet.
- **a.** is beginning
- **b.** will begin
- **c.** had begun

Aplica ✍

3. *Escribe un párrafo sobre lo que haces con tus amigos durante las vacaciones. Incluye información sobre lo que han hecho antes y lo que piensan hacer en las próximas vacaciones.*

——

——

——

23.2 *Voz activa y voz pasiva*

→ **Concepto clave**

La **voz** es la forma del verbo que muestra si el sujeto realiza o recibe la acción.

Los verbos de enlace como el verbo *be* (ser) no tienen voz. Sólo los verbos de acción tienen voz y ésta puede ser *activa* o *pasiva*.

Todo verbo de acción, tenga o no un complemento directo, puede expresarse en la voz activa.

→ **Concepto clave**

Un verbo está en **voz activa** si el sujeto realiza la acción.

Laura _found_ a dinosaur bone.
Laura <u>encontró</u> un hueso de dinosaurio.

La mayoría de los verbos de acción también pueden expresarse en voz pasiva.

→ **Concepto clave**

Un verbo está en **voz pasiva** si su sujeto recibe la acción.

Un verbo en voz pasiva se forma con una forma del verbo *be* más el participio pasado de un verbo transitivo.

A dinosaur bone _was found_ by Laura.
Un hueso de dinosaurio <u>fue encontrado</u> por Laura.

En una oración en voz pasiva, se puede nombrar, o no, a quien realiza la acción.

The archaeologist _will be named_ tomorrow.
El arqueólogo <u>será nombrado</u> mañana.

◆ **Uso correcto de la voz activa y pasiva**

Para escribir bien necesitas saber cuándo usar la voz activa y cuándo la pasiva. No hay reglas fijas para el empleo de la voz activa o la voz pasiva, pero éstas son algunas sugerencias.

→ **Concepto clave**

Usa la voz activa siempre que sea posible.

Una buena redacción es precisa y directa. Las oraciones con verbos activos tienen menos palabras y son más directas que las oraciones con verbos en voz pasiva.

VOZ ACTIVA
The scientist _opened_ the package.
El científico <u>abrió</u> el paquete.

VOZ PASIVA
The package _was opened_ by the scientist.
El paquete <u>fue abierto</u> por el científico.

¡Ojo!
En inglés se emplea la voz pasiva con más frecuencia que en español.

→ **Concepto clave**

Usa la voz pasiva cuando quieras enfatizar quién recibe la acción
en vez de quién la realiza.

*My best friend <u>was awarded</u> a medal by the archaeological
society.*
Mi mejor amiga <u>fue premiada</u> con una medalla por la sociedad
arqueológica.

→ **Concepto clave**

Usa la voz pasiva para llamar la atención sobre quien recibe la
acción, cuando el que la realiza no es importante o no se puede
identificar fácilmente.

The mysterious find <u>was made</u> at midnight.
El hallazgo misterioso <u>fue hecho</u> a medianoche.

Practica ✍

**1. *Transforma cada una de estas oraciones de la siguiente manera: si está escrita en
voz activa, conviértela a la voz pasiva; si está en voz pasiva, conviértela a la voz
activa.***

a. Each scientist uses a different research method.___________

b. That course is taught by Professor Williams.___________

c. Tons of mud covered the ruins of the ancient city.___________

d. The fossils are being examined by the specialists.___________

e. The institute will build a new laboratory.___________

Aplica ✍

**2. *Escribe un párrafo sobre alguna civilización de la antigüedad que hayas estudiado
y encuentres interesante. Usa oraciones en voz activa y en voz pasiva.***

____

____

____

CAPÍTULO 24

El uso de los pronombres

Los pronombres tienen distintas formas para mostrar su función
en la oración.

24.1 Identificar el caso

→ **Concepto clave**

El **caso** es la forma de un sustantivo o de un pronombre que
indica su función en una oración.

◆ Los tres casos

Los sustantivos y los pronombres tienen tres casos.

→ **Concepto clave**

Los tres casos son el **nominativo**, el **complementario** y el
posesivo. Sus funciones son las siguientes:

Nominativo: Sujeto o predicado nominal.
Complementario: Complemento directo, complemento indirecto,
complemento de una preposición o complemento de un verboide.
Posesivo: Para mostrar posesión.

Los sustantivos sólo cambian de forma para el caso posesivo.
Los pronombres personales tienen una forma para cada caso.

The teacher gave me the book. I have it now. It is mine.
La maestra me dio el libro. Yo lo tengo ahora. Es mío.

Usa la siguiente tabla con los pronombres personales como
referencia:

NOMINATIVO

I	yo
you	tú/ustedes
he	él
she	ella
it	(ello)
we	nosotros
they	ellos/ellas

COMPLEMENTARIO

me	me, mí
you	te, ti
him	lo, le (se), él
her	la, le (se), ella
it	lo, ello
us	nos, nosotros, nosotras
them	les, los, las, ellos, ellas

POSESIVO

my	mi, mis
mine	mío, mía, míos, mías
your	tu, tus
yours	tuyo, tuya, tuyos, tuyas
his	su (de él), suyo, suya, suyos, suyas
her	su (de ella)
hers	suyo, suya, suyos, suyas
its	su (de ellos)
our, ours	nuestro, nuestra, nuestros, nuestras
their, theirs	su (de ellos, de ellas), suyo, suya, suyos, suyas

◆ Usa el caso nominativo

Los pronombres nominativos tienen dos usos principales.

➜ Concepto clave

Se usa el **caso nominativo** cuando el pronombre aparece como sujeto de un verbo.

I do most of the advertising.
<u>Yo</u> hago la mayor parte de la publicidad.

Si el pronombre es parte de un sujeto compuesto y quieres confirmar si has usado el caso nominativo, vuelve a escribir la oración suprimiendo el otro sujeto.

<u>*Janie and I*</u> *do most of the advertising.*
<u>I</u> *do most of the advertising.*

➜ Concepto clave

Usa el **caso nominativo** en un predicado nominal.

Un predicado nominal es el sustantivo o pronombre que aparece después del verbo de enlace y que identifica o vuelve a nombrar al sujeto.

Who's there? It is <u>I</u>.
¿Quién está ahí? Soy <u>yo</u>.

<table>
<tr><td>

¡Atención!
Al escribir, debes usar el caso nominativo *(I, you, he, she, we, they)* después de los verbos de enlace. El uso coloquial *(It is me)* sólo es apropiado en las conversaciones informales.

</td></tr>
</table>

◆ Usa el caso complementario

El caso complementario se usa cuando un pronombre funciona como el complemento de un verbo, de una preposición o de una frase verbal.

➜ Concepto clave

Usa el **caso complementario** cuando el pronombre aparezca como complemento de un verbo o preposición, y como complemento de la mayoría de las frases verbales.

COMPLEMENTO DIRECTO
I sold <u>them</u> yesterday.
<u>Los</u> vendí ayer.

COMPLEMENTO INDIRECTO
Give <u>him</u> the new product.
Da<u>le</u> el nuevo producto.

COMPLEMENTO DE PREPOSICIÓN
Stock the shelves that are beside <u>them</u>.
Abastece los anaqueles que están junto <u>a ellos</u>.

COMPLEMENTO DE PARTICIPIO
The girl chasing <u>them</u> was the employer.
La muchacha que <u>los</u> estaba persiguiendo era la patrona.

COMPLEMENTO DE GERUNDIO
Warning <u>them</u> was my primary concern.
Advertir<u>les</u> era mi preocupación primordial.

COMPLEMENTO DE INFINITIVO
He wants to ask <u>me</u> about the warranty.
Quiere preguntar<u>me</u> sobre la garantía.

◆ Usa el caso posesivo

Los pronombres personales en *caso posesivo* muestran posesión. Pueden acompañar al sustantivo o a un gerundio empleado como sustantivo. También pueden emplearse solos como pronombres.

➜ Concepto clave

Usa el caso posesivo antes de un sustantivo para mostrar posesión.

<u>My</u> shoes do not fit properly.
<u>Mis</u> zapatos no me quedan bien.

➜ Concepto clave

Usa el caso posesivo antes de un gerundio.

We did not like <u>his</u> chattering during work.
No nos gustó <u>su</u> parloteo durante el trabajo.

➜ Concepto clave

Ciertos pronombres posesivos también van solos para indicar posesión.

That book is <u>yours</u>, not <u>his</u>.
Ese libro es <u>tuyo</u>, no <u>suyo (de él)</u>.

Practica ✍

1. *Escribe junto a cada oración el caso de los pronombres subrayados: nominativo, complementario o posesivo.*

a. <u>Your</u> friend bought <u>you</u> a book for your birthday. _______________________

b. She told <u>me</u> her manager promoted <u>her</u>. _______________________

c. <u>They</u> have not sent <u>us</u> the package yet. _______________________

d. The company decided to get rid of <u>its</u> treasurer; they had doubts about <u>his</u> honesty.

____

e. <u>I</u> think the cash register is broken. I will try to fix <u>it</u>. _______________________

2. *Subraya el pronombre que corresponda.*

a. (We, Us) must leave now if (we, us) want to get to the store on time.

b. (Me, My) boss is going to train (I, me) to use the new equipment.

c. (He, his) uniform seems to be a little to big for (he, him).

d. You are a good worker, but (she, her) is more efficient than (you, yours).

e. (They, Their) are happy because (them, their) salaries were increased.

24.2 Problemas especiales con los pronombres

En esta sección estudiarás el uso correcto de *who* y *whom*, y las formas *whoever* y *whomever*. También estudiarás el uso de los pronombres en cláusulas en las que algunas palabras no aparecen porque están sobreentendidas.

◆ Usar *who, whom, whose* correctamente

→ Concepto clave

Who and *whoever* son nominativos. *Whom* y *whomever* son complementarios. *Whose* y *whosever* son posesivos.

¡Atención!
No confundas la contracción *who's (who is)* con el pronombre posesivo *whose*.

CASO NOMINATIVO

who quien   *whoever* quienquiera

   Se usa como sujeto o predicado nominal.

CASO COMPLEMENTARIO

whom a quien   *whomever* quienquiera

   Se usa como complemento directo, complemento de un verboide, complemento de una preposición.

CASO POSESIVO

whose cuyo   *whosever* de quienquiera

   Se usa para denotar posesión.

◆ Usar el caso nominativo *who*

El caso nominativo se usa para sujetos y para predicados nominales.

➜ **Concepto clave**

Usa *who* para el sujeto.

<u>*Who*</u> *is the main character in* Romeo and Juliet?
¿<u>Quién</u> es el protagonista de *Romeo y Julieta?*

➜ **Concepto clave**

Usa *who* para el predicado nominal.

¿El villano es <u>quién</u>?

◆ Usar el caso complementario *whom*

El caso complementario de los pronombres personales se usa
para el complemento directo del verbo, para el complemento de
un verboide y para el complemento de una preposición.

➜ **Concepto clave**

Usa *whom* y *whomever* para el complemento directo de un verbo
o el complemento de un verboide.

<u>*Whom*</u> *did she ask to the dance?*
¿<u>A quién</u> invitó ella al baile?

Los pronombres en el caso complementario también ocurren
en las cláusulas subordinadas de las oraciones complejas.

She did not know <u>*whom*</u> *he chose.*
Ella no sabía <u>a quién</u> escogió (él).

Sobre el uso correcto de *who* o *whom* Para saber si has
elegido el pronombre correcto, primero aísla la cláusula
subordinada (*whom he chose*). Luego, coloca las palabras de la
cláusula en el orden normal (*he chose whom*). De esta manera es
claro que el sujeto es *he*, y que el complemento directo correcto
es *whom*.

➜ **Concepto clave**

Usa *whom* para el complemento de una preposición.

Un error común es usar el caso nominativo (*who*) en oraciones
en las que el pronombre es el complemento (*whom*) de una
preposición pero no aparece junto a ella. En estos casos es
mejor volver a escribir las oraciones para que el pronombre
aparezca inmediatamente después de la preposición.

PRONOMBRE INCORRECTO
<u>*Who*</u> *did Romeo receive the message* <u>*from*</u>?
¿<u>Quién</u> Romeo recibió el mensaje <u>de</u>?

PRONOMBRE CORRECTO
<u>*Whom*</u> *did Romeo receive the message* <u>*from*</u>?
From whom did Romeo receive the message?
¿<u>De quién</u> recibió Romeo el mensaje?

◆ Usar los pronombres en cláusulas elípticas correctamente

En una cláusula elíptica algunas palabras no se escriben porque se sobreentienden. Las oraciones con cláusulas elípticas se usan frecuentemente para hacer comparaciones.

She is smarter than he. (She is smarter than he is.)
Ella es más inteligente que él. (Ella es más inteligente que él es.)

→ Concepto clave

En las cláusulas elípticas que empiezan con *than* (que) o *as* (como), usa la forma del pronombre que usarías si la cláusula tuviera todas las palabras.

Jo is as talented as <u>he</u> (is).
Jo es tan talentosa como <u>él</u> (es).

Si las palabras omitidas vienen después del pronombre, usa un pronombre nominativo. Si las palabras implícitas vienen antes del pronombre, usa un pronombre complementario, porque el pronombre será un complemento.

¡Atención!
Usar un pronombre nominativo en vez de un pronombre complementario, o viceversa, en una cláusula elíptica cambia totalmente el sentido de la oración.

Practica ✍

1. *Decide cuál de los dos pronombres, who o whom, es el que corresponde en cada una de estas oraciones y subráyalo.*

a. (Who, Whom) wrote *Hamlet*?

b. From (who, whom) did you receive that postcard?

c. (Who, Whom) will the director asign the main role to?

d. With (who, whom) did they speak?

e. (Who, Whom) was expected to bring the costumes?

2. *Escoge el pronombre que complete correctamente cada una de las siguientes oraciones.*

A. The new actress could not dance better than _________________.

   a. me
   b. I
   c. her

B. The audience praised her more than _____________________.

   a. me
   b. them
   c. she

C. The leading actor rehearsed as hard as _________________.

   a. him
   b. us
   c. we

D. The director paid more atention to him than to _______________________.

    a. we

    b. us

    c. he

E. You think I don't know as much as _______________________.

    a. me

    b. him

    c. you

Practica ✍

3. Escribe un párrafo sobre alguna obra teatral que hayas visto o leído. Usa pronombres nominativos, posesivos y complementarios, y por lo menos una cláusula elíptica.

____

____

____

CAPÍTULO 25

Concordancia

La **concordancia** es la correspondencia entre diferentes elementos gramaticales. En este capítulo vas a aprender cómo hacer que un verbo concuerde con su sujeto y cómo hacer que un pronombre concuerde con su antecedente.

25.1 Concordancia de verbo y sujeto

Para que un sujeto y un verbo concuerden, ambos deben estar en singular o en plural.

◆ Sujetos singulares y plurales

➜ Concepto clave

Un **sujeto en singular** debe tener un verbo en singular. Un **sujeto en plural** debe tener un verbo en plural.

SUJETO Y VERBO EN SINGULAR
Hungary is a small European country.
Hungría es un país europeo pequeño.

SUJETO Y VERBO EN PLURAL
Hungarians vote in free elections.
Los húngaros votan en elecciones autónomas.

➜ Concepto clave

Una frase o cláusula colocada entre el sujeto y el verbo no afecta la concordancia de verbo y sujeto.

Citizens of the country vote.
Los ciudadanos del país votan.

◆ Sujetos compuestos

Un sujeto compuesto consiste de dos o más sujetos, generalmente conectados por *or* (o) o *and* (y), y que tienen el mismo verbo.

¡Atención!
Un sujeto puede ser plural si está formado por un solo sustantivo plural o por más de un sustantivo unidos por *and* o *or*, pero presta atención a las dos excepciones de la página 139.

Sujetos unidos por *and*

➜ Concepto clave

Un **sujeto compuesto** unido por *and* es generalmente plural y debe tener un verbo en plural.

The <u>chancellor</u> and the <u>cabinet members</u> <u>go</u> over the agenda.
El <u>canciller</u> y los <u>miembros del gabinete</u> <u>revisan</u> la agenda.

Hay dos excepciones a la regla anterior. Si las partes de un sujeto compuesto son la misma cosa o se pueden considerar como una misma cosa, se emplea un verbo en singular. También se usa un verbo en singular si las palabras *every* o *each* (cada, cada uno) aparecen antes del sujeto compuesto.

<u>Give and take</u> <u>is</u> a rule of negotiations.
El <u>toma y dame</u> <u>es</u> una regla en las negociaciones.

<u>Each issue</u> and <u>proposal</u> <u>is</u> discussed.
<u>Cada tema</u> y <u>propuesta</u> <u>es</u> discutido.

Sujetos singulares unidos por *or* o *nor*

➜ Concepto clave

Dos o más sujetos en singular unidos por *or* o *nor* van con un verbo en singular.

<u>Schroeder</u> or <u>Kohl</u> <u>was</u> going to win.
<u>Schroeder</u> o <u>Kohl</u> <u>iba</u> a ganar.

¡Compara!

En español las reglas de concordancia entre sujeto y verbo son parecidas a las del inglés. Sin embargo, en el caso de sujetos singulares unidos por "o" y "ni", en español la concordancia es variable.

Sujetos plurales unidos por *or* o *nor*

➜ Concepto clave

Dos o más sujetos plurales unidos por *or* o *nor* deben emplear un verbo en plural.

The <u>liberals</u> or the <u>conservatives</u> <u>are</u> going to win.
Los <u>liberales</u> o los <u>conservadores</u> <u>van</u> a ganar

Sujetos singulares y plurales unidos por *or* o *nor*

➜ Concepto clave

Si un sujeto en singular está unido a un sujeto en plural por *or* o *nor*, el sujeto más cercano al verbo determina si el verbo va en singular o plural.

Either Schroeder or the <u>ministers</u> <u>are</u> going to speak.
O Schoeder o los <u>ministros</u> <u>van</u> a hablar.

Either the ministers or <u>Schroeder</u> <u>is</u> going to speak.
O los ministros o <u>Schoeder</u> <u>va</u> a hablar.

¡Atención!
Las contracciones *there's* (*there is*) y *here's* (*here is*) llevan verbos en singular. Nunca se deben usar con sujetos en plural.

◆ Confusión de sujetos

Algunos sujetos presentan problemas especiales de
concordancia.

Oraciones inversas

→ Concepto clave

El verbo siempre concuerda con el sujeto, sin importar si el
verbo aparece antes del sujeto.

Is the message clear? ¿Está claro el mensaje?

Sujetos de verbos de enlace

→ Concepto clave

En inglés, el verbo de enlace debe concordar con su sujeto, sin
que importe el número del predicado nominal.

Economic <u>conditions are</u> one cause for concern.
Las <u>condiciones</u> económicas <u>son</u> una causa de preocupación.

One <u>cause</u> for concern <u>is</u> economic conditions.
Una <u>causa</u> de preocupación <u>son</u> las condiciones económicas.

Sustantivos colectivos

→ Concepto clave

En inglés, un sustantivo colectivo lleva un verbo en singular
cuando el grupo al que nombra actúa como una sola unidad.
Lleva un verbo en plural cuando los miembros del grupo al que
nombra actúan como individuos.

SINGULAR
The <u>committee votes</u>.
El <u>comité vota</u>.

PLURAL
The <u>committee have</u> split their votes.
(Los miembros del) <u>comité han</u> dividido sus votos.

¡Compara!

En español, los nombres colectivos no llevan un verbo en plural
aunque los miembros del grupo actúen como individuos.
Recuerda siempre que la palabra gente en español es singular,
en inglés *people* es plural: *People <u>are</u> coming all the time.*

Sustantivos singulares que parecen plurales

→ Concepto clave

Los sustantivos que tienen forma de plural, pero tienen
significado singular, van acompañados de verbos en singular.

<u>Measles is</u> a dangerous disease for unborn babies.
El <u>sarampión</u> es una enfermedad peligrosa para los
niños nonatos.

Pronombres indefinidos

→ Concepto clave

Los pronombres indefinidos singulares van acompañados de
verbos en singular. Los pronombres indefinidos plurales van
acompañados de verbos en plural.

SINGULAR
Either of your plans is acceptable to me.
Cualquiera de tus dos planes me es aceptable.

PLURAL
Few of the representatives are here.
Unos cuantos [representantes] están aquí.

→ Concepto clave

Los pronombres *all, any, more, most, none* y *some* llevan el verbo
en singular si se refieren a palabras singulares, y llevan el verbo
en plural si se refieren a palabras en plural.

SINGULAR
Most of South Africa was proud.
La mayor parte de Sudáfrica estaba orgullosa.

PLURAL
Most of the South Africans were proud.
La mayoría de los sudafricanos estaban orgullosos.

Títulos de obras y organizaciones

→ Concepto clave

Un título o el nombre de una organización es singular y debe ir
acompañado de un verbo en singular.

Hard Times is a novel by Charles Dickens.
Tiempos difíciles es una novela de Charles Dickens.

Cantidades y medidas

→ Concepto clave

Un sustantivo que expresa una cantidad o una medida es
usualmente singular y requiere un verbo en singular.

Fifty cents is more than enough.
Cincuenta centavos es más que suficiente.

Practica ✍

1. *Subraya la forma verbal en paréntesis que completa correctamente la oración.*

a. The government and the opposition sometimes (*disagrees, disagree*) on what monetary policy should be applied.

b. Neither the Liberal Party nor the Conservative Party (*has, have*) a clear plan to address the problem of violence.

c. Europe's presidents (*is, are*) going to meet next month in London.

d. Neither the Prime Minister nor the other cabinet members (*is, are*) going to resign.

e. Many issues related to the environment (*was, were*) included in the meeting agenda.

2. *Escoge el verbo que completa correctamente cada una de las siguientes oraciones.*

A. There _____________ several plans to be approved this week.

  a. are
  b. is
  c. was

B. _____________ the President plan to retire soon?

  a. Doing
  b. Does
  c. Do

C. Poor social conditions _____________ one reason for violence.

  a. are
  b. is
  c. were

D. The news _____________ aired every night.

  a. are
  b. is
  c. were

E. Some of the candidates _____________ going to appear on TV.

  a. are
  b. is
  c. was

Aplica ✍

3. *Escribe un párrafo sobre un suceso que haya ocurrido recientemente. Describe los hechos en presente, asegurándote de que exista concordancia entre los sujetos y los verbos.*

____

____

____

25.2 Concordancia de pronombre y antecedente

◆ Concordancia entre pronombres personales y antecedentes

→ Concepto clave

Un pronombre personal debe concordar con su antecedente en género y número. El número gramatical de un sustantivo o pronombre indica si es singular o plural.

Algunos pronombres y sustantivos también indican uno de los tres géneros: masculino, femenino o neutro. Los sustantivos que se refieren a los hombres son masculinos: *uncle* (tío), *boy* (niño), *father* (padre). Los sustantivos que se refieren a las mujeres son femeninos: *actress* (actriz), *mother* (madre), *girl* (niña). En inglés la mayoría de los sustantivos son neutros, es decir, no tienen género gramatical: *stone* (piedra), *freedom* (libertad).

Sólo los pronombres de la tercera persona singular indican género:

PRONOMBRES MASCULINOS
he, him, his, himself
él, su, suyo, sí mismo

PRONOMBRES FEMENINOS
she, her, hers, herself
ella, su, suyo, sí misma

PRONOMBRES NEUTROS
it, its, itself
eso, su, suyo

¡Compara!

A diferencia del inglés, en español no hay sustantivos neutros. Todos los sustantivos son masculinos o femeninos.

Concordancia en número

→ Concepto clave

Usa un pronombre personal singular para referirte a dos o más antecedentes singulares unidos por *or* o *nor*.

Neither <u>Keith nor Rob</u> remembers <u>his</u> [password].
Ni <u>Keith ni Rob</u> recuerdan la <u>suya</u> [contraseña].

→ Concepto clave

Usa un pronombre personal plural para referirte a dos o más antecedentes unidos por *and*.

<u>Gene and Rita</u> have checked <u>their</u> e-mail.
<u>Gene y Rita</u> han revisado <u>su</u> correo electrónico.

¡Recuerda!
En algunos casos, la regla gramatical que estás aprendiendo en inglés no siempre se cumple en español. La traducción que está junto al ejemplo sólo aparece para ayudarte a entender su significado.

Concordancia de persona

➜ Concepto clave

Cuando trabajes con concordancia de pronombre y antecedente,
no cambies de persona.

CAMBIO DE PERSONA
*Becca is studying programming, a course you need for a degree in
computer science.*
Becca está estudiando programación, un curso que tú necesitas
para el título en ciencias de la computación.

ORACIÓN CORRECTA
*Becca is studying programming, a course she needs for a degree
in computer science.*
Becca está estudiando programación, un curso que ella necesita
para el título en ciencias de la computación.

➜ Concepto clave

Cuando no se especifica el género, usa tanto el pronombre
masculino como el femenino, o escribe la oración de otra manera.

AMBOS PRONOMBRES
A <u>student</u> should keep <u>his</u> or <u>her</u> password a secret.
Un <u>estudiante</u> debe mantener en secreto <u>su</u> clave.

ORACIÓN ESCRITA DE OTRA MANERA
<u>Students</u> should keep <u>their</u> passwords a secret.
Los <u>estudiantes</u> deben mantener en secreto <u>sus</u> claves.

◆ Usar pronombres reflexivos

➜ Concepto clave

Un pronombre reflexivo debe tener un antecedente en la oración
en la cual aparece.

<u>Jen</u> searched the Internet <u>herself</u>.
<u>Jen</u> buscó en Internet (<u>ella misma</u>).

◆ Concordancia con pronombres indefinidos

➜ Concepto clave

Usa un pronombre singular para referirte a un pronombre
indefinido singular. Usa un pronombre plural para referirte a un
pronombre indefinido plural.

SINGULAR
<u>One</u> of the boys will print <u>his</u> document.
<u>Uno</u> de los muchachos imprimirá <u>su</u> documento.

PLURAL
<u>All</u> of the boys will print <u>their</u> documents.
<u>Todos</u> [los muchachos] imprimirán <u>sus</u> documentos.

Con un pronombre indefinido que puede ser singular o plural, la concordancia depende de la palabra a la que se refiere el pronombre indefinido.

Some of the *students* printed *their* documents.
Algunos de los estudiantes imprimieron sus documentos.

◆ Tres problemas especiales en la concordancia de pronombres

➜ Concepto clave

Un pronombre personal requiere un antecedente que esté expresado claramente o que se sobreentienda fácilmente.

ORACIÓN MAL ESCRITA

The program was easy, but they didn't explain it clearly.
El programa era fácil, pero no lo explicaron claramente.

ORACIÓN CORRECTA

The program was easy, but it wasn't explained clearly.
El programa era fácil, pero no fue explicado claramente.

➜ Concepto clave

Un pronombre personal siempre debe referirse a un antecedente único y obvio.

Si un pronombre puede referirse a más de un antecedente, debes volver a escribir la oración.

ORACIÓN MAL ESCRITA

I saw the procedure in the manual, but now I can't find it.
Vi el procedimiento en el manual, pero ahora no puedo encontrarlo.

ORACIÓN CORRECTA

I saw the procedure in the manual, but now I can't find the procedure.
Vi el procedimiento en el manual, pero ahora no puedo encontrar el procedimiento.

➜ Concepto clave

Usa el pronombre personal *you* sólo cuando la referencia se hace verdaderamente al lector o al que escucha.

ORACIÓN MAL ESCRITA

In a sound studio, you see high-tech equipment.
En un estudio de sonido, tú ves equipo de alta tecnología.

ORACIÓN CORRECTA

In a sound studio, one sees high-tech equipment.
En un estudio de sonido, uno ve equipo de alta tecnología.

> **¡Recuerda!**
> Usar pronombres hace más atractiva tu redacción, al no repetir tantas veces los mismos sustantivos. Acuérdate de hacer concordar cada pronombre con el antecedente, o sustantivo, al que se refiere.

Practica ✍

1. *Subraya el pronombre en paréntesis que corresponde en cada una de estas oraciones.*

a. Neither Peter nor Robert have read (*their, his*) mail.

b. Sarah painted a nice portrait of (*her, herself*).

c. All the programmers worked hard on (*his, their*) assignments.

d. My parents bought (*them, themselves*) a computer.

e. Everyone must have (*his, their*) own PC.

2. *Vuelve a escribir las siguientes oraciones, de modo que se corrija la falta de concordancia entre el pronombre y su antecedente.*

a. The screening was a disaster: it was noisy and you could not see anything.

____

b. The monitor is on top of the computer, and the light is above it.

____

c. Take the computer out of the carton, and recycle it.

____

d. Marie called her mother as soon as she got home.

____

e. My uncle told my father what his kids had been doing.

____

Aplica ✍

3. *Escribe un párrafo corto sobre algún programa de televisión o radio que te interese. No olvides que cada pronombre debe tener un antecedente claro, y que ambos deben concordar.*

____

____

____

CAPÍTULO 26

El uso de los modificadores

Como ya sabes, los adjetivos y adverbios modifican a otras palabras. También se usan para hacer comparaciones. En este capítulo aprenderás a usar los adjetivos y adverbios para comparar.

26.1 Grados de comparación

→ Concepto clave

La mayoría de los adjetivos y adverbios tienen diferentes formas de mostrar los grados de comparación.

◆ Reconocer grados de comparación

→ Concepto clave

Los tres grados de comparación son el positivo, el comparativo y el superlativo.

cold frío	*possible* posible	
colder más frío	*more possible* más posible	
coldest el más frío	*most possible* el más posible	

> En tu libro de texto en inglés aparece una lista de adjetivos y adverbios en los grados positivo, comparativo y superlativo.

¡Atención!
Cuando agregues la terminación *-er* o *-est* a palabras que terminen en *-y*, debes cambiar la *y* por una *i*.

Formas regulares

→ Concepto clave

Usa *-er* o *more* para formar el grado comparativo y *-est* o *most* para formar el grado superlativo de la mayoría de los modificadores de una o dos sílabas.

El método más común de formar los grados comparativo y superlativo de los modificadores de una o dos sílabas es añadir *-er* y *-est* al modificador en vez de usar *more* y *most*:

dark	*darker*	*darkest*
oscuro	más oscuro	el más oscuro

More y *most* se usan con modificadores de una o dos sílabas cuando añadir *-er* o *-est* suena mal:

humid	*more humid*	*most humid*
húmedo	más húmedo	el más húmedo

Para formar los grados comparativo y superlativo de adverbios que terminan con el sufijo *-ly*, usa *more* y *most*:

quickly	*more quickly*	*most quickly*
rápidamente	más rápidamente	lo más rápidamente

➜ Concepto clave

Usa *more* y *most* para formar los grados comparativos y
superlativos de todos los modificadores con tres o más sílabas:

| *popular* | *more popular* | *most popular* |
| popular | más popular | el más popular |

Comparaciones con *less* y *least* Se pueden usar *less* y *least*,
los opuestos de *more* y *most*, para formar los grados comparativo
y superlativo de la mayoría de los modificadores:

| *favorable* | *less favorable* | *least favorable* |
| favorable | menos favorable | el menos favorable |

Formas irregulares

➜ Concepto clave

Memoriza las formas comparativa y superlativa de ciertos
adjetivos y adverbios.

> En tu libro de texto en inglés aparece una lista con las
> formas comparativa y superlativa irregulares de algunos
> adjetivos y adverbios.

Practica

1. *Escribe las formas comparativas y superlativas de cada uno de los siguientes modificadores:*

a. clear ____________ ____________

b. frequently ____________ ____________

c. slowly ____________ ____________

d. neat ____________ ____________

2. *Vuelve a escribir cada una de las siguientes oraciones, reemplazando el modificador subrayado con el grado indicado entre paréntesis.*

a. That lake is an <u>excellent</u> place to fish. (superlativo)

____

b. If you get lost in the forest, it is <u>good</u> not to start wandering. (comparativo)

____

c. A <u>safe</u> way of seeing wild animals is from very far away. (superlativo)

____

26.2 Hacer comparaciones claras

Usar comparativos y superlativos

→ Concepto clave

Usa el grado comparativo para comparar dos personas, lugares o cosas. Usa el grado superlativo para comparar tres o más personas, lugares o cosas.

COMPARATIVO

Steve is <u>more creative</u> than Michael.
Steve es <u>más creativo</u> que Michael.

SUPERLATIVO

Sue is the <u>most creative</u> pupil in our class.
Sue es <u>la</u> alumna <u>más creativa</u> de nuestra clase.

◆ Comparaciones equilibradas

→ Concepto clave

Asegúrate de que tus oraciones comparen dos cosas de un mismo tipo.

COMPARACIÓN DESEQUILIBRADA

<u>Joe's audition</u> was more dramatic than <u>Ken</u>.
<u>La audición de Joe</u> fue más dramática que <u>Ken</u>.

COMPARACIÓN EQUILIBRADA

<u>Joe's audition</u> was more dramatic than <u>Ken's</u>.
<u>La audición de Joe</u> fue más dramática que <u>la de Ken</u>.

◆ Comparaciones con *other* y *else*

→ Concepto clave

Al comparar un elemento de un grupo con el resto del grupo, asegúrate de que tu oración tenga la palabra *other* (otro) o *else* (demás).

COMPARACIÓN ILÓGICA

Shakespeare was <u>greater than any</u> English playwright.
Shakespeare fue <u>más grande que cualquier</u> dramaturgo inglés.

COMPARACIÓN CORRECTA

Shakespeare was <u>greater than any other</u> English playwright.
Shakespeare fue <u>más grande que cualquier otro</u> dramaturgo inglés.

Practica ✍

1. *Escoge la forma del modificador que completa correctamente cada una de las siguientes oraciones.*

A. Shakespeare's plays are considered among the (good) ever written.

- **a.** most good
- **b.** better
- **c.** best

B. Today, Greek tragedies are (well) known than Greek comedies.

- **a.** better
- **b.** best
- **c.** more

C. This is the (surprising) ending I've seen in a play.

- **a.** least surprising
- **b.** more surprising
- **c.** less surprising

2. *Vuelve a escribir cada una de las siguientes oraciones, corrigiendo el error en la comparación.*

A. That actor's voice is more deep than his colleague.

____

B. His performance tonight was better than any of his performances.

____

C. The cost of producing a film is higher than producing a play.

____

Aplica ✍

3. *Escribe un párrafo corto comparando una presentación artística (música, danza, artes plásticas) a la cual hayas asistido recientemente, con otras presentaciones a las que hayas asistido. Usa tantos modificadores como sean necesarios.*

____

____

____

Este capítulo trata sobre problemas gramaticales que aún no hemos visto. Aprenderás a formar oraciones negativas correctamente y estudiarás una lista de palabras y expresiones que pueden presentarte problemas.

27.1 *Oraciones negativas*

Las palabras negativas, como *not* o *never*, se usan para negar o rechazar algo. En inglés, sólo es necesaria una palabra de negación para hacer una oración negativa.

◆ Reconocer la negación doble

→ Concepto clave

No uses dos palabras negativas en una oración.

ORACIÓN CON DOBLE NEGACIÓN
I haven't seen no whales.
No he visto ninguna ballena.

ORACIÓN CORRECTA
I haven't seen any whales.   o   *I have seen no whales.*
No he visto ballenas.

¡Compara!

En español sí empleamos la doble negación. Cuando la palabra negativa (ninguna, nada, nadie, nunca, tampoco) va antes del verbo, no debe llevar el adverbio "no". Sin embargo, si aparece después del verbo, es necesario añadir la negación:

Nadie lo ha visto.
No lo ha visto nadie.

◆ El uso correcto de los negativos

Hay tres maneras de formar oraciones negativas.

Usar una palabra negativa La manera más común de formar una oración negativa es usar una palabra negativa, como *never, no, nobody, none, not, nothing* o *nowhere*.

→ Concepto clave

No uses dos palabras negativas en la misma cláusula.
Usar dos palabras negativas en una misma cláusula produce una negación doble.

DOBLE NEGATIVO
We don't want no help from you.
No queremos que no nos ayudes.

> **¡Recuerda!**
> En inglés nunca debes usar dos palabras de negación en la misma oración.

FORMA CORRECTA

We <u>don't</u> want any help from you.   o   We want <u>no</u> help from you.
<u>No</u> queremos que nos ayudes.

Usar *but* para negar Cuando *but* significa "solamente",
generalmente funciona como un negativo. No lo uses junto con
otra palabra negativa.

DOBLE NEGATIVO

There <u>wasn't but</u> one whale in the aquarium.
<u>No</u> había <u>sino</u> una ballena en el acuario.

FORMA CORRECTA

There was <u>but</u> one whale in the aquarium.

Usar *barely*, *hardly*, *scarcely* Estas tres palabras son negativas.

→ **Concepto clave**

No uses *barely*, *hardly* o *scarcely* (apenas) con otra
palabra negativa.

DOBLE NEGATIVO

The dull-gray coral <u>wasn't barely</u> visible in the dim light.
El coral gris <u>apenas no</u> se podía ver en la penumbra.

FORMA CORRECTA

The dull-gray coral was <u>barely</u> visible in the dim light.
El coral gris <u>apenas</u> se podía ver en la penumbra.

Practica ✍

***1. Vuelve a escribir cada una de las siguientes oraciones, corrigiendo el
doble negativo.***

a. She hasn't visited no aquarium.________________________________

b. The fishermen didn't catch but one swordfish.________________________

c. The dolphin didn't never go out of the aquarium.___________________

d. We swam so much we couldn't hardly make it to the shore.____________

e. That whale has eaten scarcely no food in the last week.______________

Aplica ✍

***2. Escribe un párrafo corto sobre un día que hayas ido a la playa, describiendo lo que
viste e hiciste. Usa oraciones negativas, pero asegúrate de evitar la doble negación.***

____

____

____

27.1 *Problemas gramaticales comunes*

Esta sección incluye una lista de algunos de los problemas gramaticales más frecuentes en inglés.

→ Concepto clave

Estudia las siguientes palabras y expresiones, para evitar errores comunes.

1. ain't *Ain't* fue originalmente una contracción de *am not*. Su uso no se considera correcto.

USO INCORRECTO
Sharks <u>ain't</u> friendly to humans.

USO CORRECTO
Sharks <u>aren't</u> friendly to humans.
Los tiburones <u>no son</u> amistosos con los humanos.

2. all right, alright *Alright*, si bien se usa cada día con más frecuencia, no se considera correcto.

USO INCORRECTO
He is feeling <u>alright</u> today.

USO CORRECTO
He is feeling <u>all right</u> today.
Él se siente <u>bien</u> hoy.

3. all together, altogether Ambos son adverbios, pero tienen significados diferentes. *All together* significa "juntos como un grupo". *Altogether* significa "completamente":

Fish in a school travel <u>all together</u>.
En un cardumen, los peces viajan <u>todos juntos</u>.

The old television set finally broke <u>altogether</u>.
El viejo televisor finalmente se descompuso <u>por completo</u>.

4. among, between Las dos son preposiciones. *Among* implica tres o más elementos; *between* se usa generalmente para dos elementos:

The fish swam <u>among</u> the coral.
Los peces nadaban <u>en medio</u> del coral.

The surfers passed <u>between</u> two sharks.
Los tablistas pasaron <u>entre</u> dos tiburones.

5. bring, take *Bring* significa "traer, acarrear algo de un lugar
lejano a otro más cercano" *Take* significa "llevar, acarrear algo de
un lugar cercano a otro más lejano":

<u>*Bring*</u> *me the lobster platter, please.*
<u>Tráeme</u> la bandeja de langosta, por favor.

They <u>take</u> their daily catches to the restaurants.
Ellos <u>llevan</u> su pesca diaria a los restaurantes.

6. doesn't, don't Se usa *doesn't*, no *don't*, con todos los
sustantivos y pronombres de la tercera persona singular.

USO INCORRECTO
The machine <u>don't</u> work.

USO CORRECTO
The machine <u>doesn't</u> work.
La máquina <u>no</u> funciona.

7. kind of, sort of No uses estas expresiones en lugar de *rather*
o *somewhat*.

USO INCORRECTO
Some algae look <u>sort of</u> like lettuce.

USO CORRECTO
Some algae look <u>somewhat</u> like lettuce.
Algunas algas tienen un aspecto <u>algo</u> parecido a la lechuga.

8. like, as *Like* es una preposición que significa "similar a" o
"tal como". No debe usarse en lugar de la preposición *as* (como).

USO INCORRECTO
She writes <u>like</u> she speaks—graciously.

USO CORRECTO
She writes <u>as</u> she speaks—graciously.
Ella escribe <u>como</u> habla: cortésmente.

9. their, there, they're *Their* (su, sus) es un pronombre
posesivo y siempre modifica a un sustantivo. *There* se puede
usar como un expletivo (hay) al comienzo de una oración o como
un adverbio (ahí). *They're* es la contracción de *they are* (ellos o
ellas son).

PRONOMBRE POSESIVO
Salmon deposit <u>their</u> eggs in fresh water.
Los salmones depositan <u>sus</u> huevos en agua dulce.

EXPLETIVO
There are some reasons for doing this.
Hay algunas razones para hacer esto.

ADVERBIO
They can find food there.
Ellos pueden encontrar alimentos allí.

CONTRACCIÓN
They're trying to escape predators.
Ellos están tratando de escapar de los depredadores.

10. when, where No uses *when* (cuando) o *where* (donde)
directamente después de un verbo de enlace. No uses *where* en
lugar de *that.*

USO INCORRECTO
At night is when you can watch the fish feed.

USO CORRECTO
At night is the time to watch the fish feed.
La noche es el mejor momento para observar a los peces comer.

> En tu libro de texto en inglés aparece una lista de otros
> problemas gramaticales comunes.

Practica

1. Subraya la en paréntesis que completa correctamente la oración.

a. We wanted to travel (all together, altogether).

b. I saw a catfish (among, between) the dolphins.

c. Please (bring, take) these tools to the men working on the pier.

d. It's (sort of, rather) dangerous to swim in these waters.

e. The captain says (their, they're) going to try to capture the orca today.

Aplica

**2. Escribe un párrafo corto sobre alguna vez que hayas visitado un acuario o un
zoológico. Procura usar correctamente las palabras o expresiones que has aprendido
en esta sección.**

____

____

____

CAPÍTULO 28

Las mayúsculas

Las mayúsculas son una parte importante de tus escritos. Ellas muestran cuándo comienza una nueva oración y también indican los nombres de personas, lugares o cosas específicas. También dicen qué palabras son las más importantes en un título.

◆ Oraciones

Uno de los usos más importantes de las mayúsculas es indicar el comienzo de las oraciones.

➜ Concepto clave

Escribe en mayúscula la primera letra de la primera palabra en todos los tipos de oraciones.

➜ Concepto clave

Escribe en mayúscula la primera letra de la primera palabra de una cita si la cita es una oración completa.

Cuando la cita es una oración completa separada en dos partes, sólo debes escribir en mayúscula la primera letra de la primera palabra al comienzo de la cita.

"The art museum is closed," she said, *"because it is Monday."*
—El museo está cerrado —dijo—, porque es lunes.

El fragmento de una cita dentro de una oración más larga no lleva mayúscula.

➜ Concepto clave

Escribe en mayúscula la primera letra de la palabra que viene inmediatamente después del signo de dos puntos solamente si la palabra empieza una oración completa.

◆ Sustantivos propios

Recuerda que los sustantivos propios nombran una persona, lugar o cosa específicos. Todos los sustantivos propios llevan mayúsculas.

➜ Concepto clave

Usa mayúsculas al comienzo de cada parte del nombre de una persona.

➜ Concepto clave

Usa mayúsculas en nombres geográficos.

> En tu libro de texto en inglés aparece una tabla con ejemplos de nombres geográficos.

Los puntos de orientación de una brújula *(South, North, East, West)* se escriben con mayúscula. Si solamente estás indicando una dirección general, (norte, sur) no uses mayúscula.

→ **Concepto clave**

Usa mayúsculas en los nombres de lugares especiales

the Statue of Liberty   *the Milky Way*

→ **Concepto clave**

Usa mayúsculas en los nombres de períodos históricos específicos.

Aunque representan períodos específicos del año, los nombres de las estaciones no llevan mayúscula.

→ **Concepto clave**

Usa mayúsculas en los nombres de organizaciones, agencias del gobierno, partidos políticos, razas, nacionalidades, meses del año e idiomas.

¡Compara!

En español las razas, nacionalidades, meses del año e idiomas se escriben con minúscula.

→ **Concepto clave**

Toda referencia a religiones, dioses y escritos religiosos van en mayúscula.

La única excepción a la regla anterior ocurre cuando te refieres a dioses mitológicos, en cuyo caso la palabra *god* (dios) no lleva mayúscula.

→ **Concepto clave**

Usa mayúsculas en los nombres de otros sustantivos propios especiales, como nombres de premios, de aviones, barcos, modelos de carros. Los nombres, o marcas, de productos comerciales también van en mayúscula.

◆ Adjetivos propios

Un adjetivo propio es un sustantivo propio que se usa como adjetivo o un adjetivo que se forma a partir de un sustantivo propio.

Algunos adjetivos propios, sin embargo, se han usado tanto que ya no se escriben con mayúscula.

➡ Concepto clave

No uses mayúsculas en los prefijos que acompañan a los adjetivos
propios, a menos que el prefijo se refiera a una nacionalidad.

Mexican-American

➡ Concepto clave

En los adjetivos separados por guión, escribe en mayúscula sólo
el adjetivo propio.

French-speaking Canadians

◆ Títulos

➡ Concepto clave

Escribe con mayúsculas los títulos de personas y los de las
obras de arte, de literatura y de música.

Títulos de personas Hay varias reglas para el uso de las
mayúsculas en los títulos de personas.

➡ Concepto clave

Usa mayúsculas en los títulos de las personas, cuando van
seguidos por su nombre.

Lord Humphrey

➡ Concepto clave

Usa mayúsculas en los títulos de ciertos funcionarios
importantes del gobierno cuando los títulos no van seguidos
por el nombre de una persona o cuando no los usas para
dirigirte a alguien.

The President was vactioning in Europe.
El Presidente estaba de vacaciones en Europa.

➡ Concepto clave

Usa mayúsculas en todas las palabras importantes de títulos,
pero no uses mayúsculas para los prefijos y sufijos.

all-American

➡ Concepto clave

Escribe en mayúsculas los nombres de los integrantes de la
familia (padre, madre) cuando se refieren a personas específicas
o cuando las usas para dirigirte a una persona.

I need a new bike, Mother
Necesito una bicicleta nueva, Mamá.

➡ Concepto clave

Escribe en mayúscula la primera letra de la primera palabra y
de todas las otras palabras importantes en los títulos de libros,
revistas, poemas, pinturas y otras obras de arte.

En los títulos no se escriben con mayúscula los artículos *(a, an, the)* y las preposiciones y conjunciones con menos de cuatro letras. Estas palabras sólo van en mayúscula cuando son la primera o la última palabra de un título.

The Grapes of Wrath
Las Viñas de la Ira

Las mayúsculas en los subtítulos siguen las mismas reglas que en los títulos.

➜ Concepto clave

Escribe en mayúsculas los nombres de materias escolares cuando las materias son de lenguaje o cuando están seguidos por un número.

Spanish, Chemistry II

No se usan mayúsculas cuando se habla en general sobre estas materias escolares y no se nombra un curso específico. Sin embargo, los idiomas siempre van en mayúscula.

Practica 🖎

1. *Primero en español*

Escribe las mayúsculas y minúsculas correctamente.

a. trabajaré en la librería de la ciudad.

b. ¿Fuiste a la biblioteca nacional del uruguay?

c. ¡vaya! ¿Cenaste con el rey juan carlos?

d. leyó *la vida es sueño.*

e. estudiamos biología y álgebra.

2. *Ahora en inglés*

Corrige el uso de las minúsculas y las mayúsculas.

a. president jefferson designed monticello.

b. my parents speak to Me in spanish.

c. We are reading edgar allan poe's "the raven".

d. english speakers and spanish speakers live in north and south america.

e. I want to visit europe, asia, and africa.

f. the last Movie we saw together was *the circus.*

g. she spoke to grandmother about me.

h. In college he will take computer science 101 and philosophy 102.

Aplica 🖎

3. *Escribe en inglés una descripción de tu novela o película favorita. Recuerda emplear correctamente las mayúsculas y las minúsculas.*

____

____

____

CAPÍTULO 29

Puntuación

Los signos de puntuación ayudan a tus lectores a seguir las ideas que quieres transmitirles. En este capítulo conocerás los signos de puntuación más importantes, las comas, los punto y coma, los dos puntos, las comillas, las rayas, los guiones, los paréntesis, los apóstrofos y los signos que cierran las oraciones.

29.1 Signos al final de la oración

El punto, el signo más común al final de las oraciones, tiene tres usos básicos.

→ Concepto clave

1. Usa un **punto** [.] para cerrar o terminar las oraciones enunciativas, las imperativas suaves y las preguntas indirectas.
2. Usa un **signo de interrogación** [?] para cerrar una pregunta directa, una pregunta incompleta o un enunciado que se hace como pregunta.
3. Usa un **signo de exclamación** [!] para cerrar una oración exclamativa, una oración imperativa fuerte o una interjección que expresa emoción.

¡Compara!

En inglés los signos de interrogación y de exclamación sólo se usan al final de la oración. En español, también se ponen al comienzo del enunciado y se escriben de la siguiente manera: [¡], [¿]. ¡ No olvides escribirlos!

29.2 Comas

La coma se usa para indicar una breve pausa. Le dice al lector que se detenga un momento en su lectura. También ayuda a establecer relaciones entre partes de la oración y hace más fácil la lectura de las oraciones largas.

Recuerda los usos básicos de la coma:
1. Se puede usar para separar elementos similares.
2. Se pueden usar una o más comas para destacar un solo elemento al comienzo, en medio o al final de una oración.

◆ Comas en oraciones compuestas

Una oración compuesta consiste en dos o más cláusulas independientes unidas por una conjunción coordinante *(and, but, for, nor, or, so, yet)*.

¡Ojo!
En inglés las oraciones interrogativas frecuentemente son inversas.

¡Recuerda!
A veces, antes de una oración exclamativa corta puede ponerse una interjección fuerte. En este caso, puedes usar una coma o un signo de exclamación después de la interjección.

→ Concepto clave

Usa una coma antes de la conjunción para separar dos cláusulas independientes en una oración compuesta.

A veces las conjunciones sólo unen dos palabras, frases o cláusulas subordinadas. Cuando se usan de esta manera, no necesitan coma.

◆ Comas entre elementos de una serie

Los elementos de una serie deben estar separados por comas. Una serie consiste de tres o más elementos similares. Los elementos pueden ser palabras, frases o cláusulas.

→ Concepto clave

Usa comas para separar tres o más palabras, frases o cláusulas en una serie. El número de comas que se debe usar en una serie es siempre **uno menos** que el número de elementos de la serie. Por ejemplo, si la serie tiene tres elementos, debes usar dos comas, y así sucesivamente.

Dos excepciones

Cuando cada uno de los elementos de una serie está unido al siguiente elemento por una conjunción, no se necesitan comas.

Supermarkets and grocery stores and restaurants all sell a variety of foods.

Los supermercados y tiendas de abarrotes y restaurantes venden todos una variedad de alimentos.

Tampoco se necesitan comas entre pares de elementos que pueden considerarse como un solo elemento.

Practica

Corrige las oraciones usando los signos de puntuación correctos.

a. In Massachusetts people sell cranberries maple syrup and butternut squash

b. The police yelled Put your weapon down

c. Angela can you come to the market with me

d. They asked her to accompany them to the service center

e. Boys and girls attention please

Adjetivos

Usa comas para separar adjetivos de igual importancia. Estos adjetivos se llaman adjetivos coordinados.

→ Concepto clave

Usa comas para separar adjetivos de igual importancia.

→ Concepto clave

No uses comas para separar adjetivos que deben seguir un orden específico.

Notas sobre las comas con adjetivos En una serie de adjetivos, no uses comas para separar el último adjetivo del nombre al que modifica.

¡Atención!
La coma se usa más que cualquier otro signo de puntuación dentro de la oración, por lo que es fácil cometer errores al usarla.

¡Ojo!
Asegúrate siempre de que hayas escrito dos oraciones completas unidas por una conjunción coordinante antes de colocar una coma.

¡Atención!
En español, después de una serie, no se emplea coma delante de *y, e, o* y *u.* En inglés sí se necesita esta coma.

Practica ✍

Escribe las comas donde sea necesario.

a. Ellen bought a new blue dress.

b. Juan's parents own a large store.

c. A narrow rough winding road lead to the mountain warehouse.

◆ Comas después de una introducción

Generalmente, se necesitan comas para separar el texto de una introducción del resto de la oración.

→ Concepto clave

Usa una coma después de un palabra, frase o cláusula introductora.

Jane, please come here.
Jane, ven por favor.

Practica ✍

Escribe las comas donde sea necesario.

a. Yes I will attend the function.

b. If she sings I'm sure she will win the contest.

c. When I try I write very well.

◆ Comas con expresiones no relacionadas con la oración o expresiones no necesarias

Con frecuencia, se usan comas dentro de una oración para separar expresiones que no están relacionadas con la oración o que no son esenciales.

Expresiones no relacionadas

Estas expresiones son palabras o frases que no tienen relación con el resto de la oración e interrumpen el flujo de la misma.

→ Concepto clave

Usa comas para separar las expresiones no relacionadas con la oración. Usa dos comas para separar toda la expresión, cuando ésta se encuentra en el medio de la oración.

The boys, therefore, decided to call a tow truck.
Los muchachos, por lo tanto, decidieron llamar una grúa.

Expresiones no necesarias

Una *expresión necesaria* es una palabra, frase o cláusula que da información importante y que no se puede eliminar sin cambiar el sentido de la oración.

Una *expresión no necesaria* contribuye información adicional que no es indispensable para la oración. Se puede eliminar de la oración sin que ésta cambie su significado.

→ Concepto clave

Usa comas para separar expresiones no necesarias.

Un apositivo, una frase con participio o una cláusula adjetivada pueden ser tanto necesarios como no necesarios. Los elementos no necesarios se separan con dos comas una antes y otra después si están en el medio de la oración y con una coma si están al final.

APOSITIVO NECESARIO
My sister Tina went to the market.
Mi hermana Tina fue al mercado

APOSITIVO NO ESENCIAL
Tina, my sister, went to the market.
Tina, mi hermana, fue al mercado.

> En tu libro de texto en inglés aparece una tabla con expresiones necesarias y no necesarias.

◆ Comas con lugares, fechas y títulos

Los nombres de lugares con frecuencia tienen varias partes. El nombre de una ciudad puede estar seguido por el nombre de un condado, que, a su vez, puede estar seguido por el nombre de un estado.

→ Concepto clave

Cuando el nombre de un lugar tenga dos o más partes, usa una coma entre cada una.

Cuando una fecha esté formada por dos o más partes, usa una coma después de cada elemento, excepto en el caso de un mes seguido por el día. Si las partes de una fecha ya han sido unidas por preposiciones, no se necesita una coma.

Cuando un nombre es seguido por uno o más títulos, usa una coma después del nombre y después de cada título.

◆ Otros usos de la coma

→ Concepto clave

Usa una coma después de cada elemento en una dirección con dos o más partes.

→ Concepto clave

Usa una coma después del saludo en una carta y otra después del cierre.

→ Concepto clave

En los números que tienen más de tres dígitos, usa una coma después de cada tercer dígito, comenzando desde la derecha.

→ Concepto clave

Usa una coma para indicar que se han omitido palabras en una oración elíptica.

Las comas también se usan para mostrar dónde comienzan y terminan las citas textuales o directas.

¡Recuerda!
Muchas veces, las fechas también tienen varias partes, como el mes, el día y el año.

¡Atención!
En inglés se usa la coma para separar la fecha y año, *November 4, 1958*. En español se usan las preposiciones "a" y "de": a 4 de noviembre de 1958.

¡Atención!
En inglés se escribe la coma después de cada tres dígitos donde en español se usa el punto. Además, se usa el punto para indicar los decimales, donde en español se usa la coma.

➜ Concepto clave

Usa comas para separar una cita textual del resto de la oración.

➜ Concepto clave

Usa comas para ayudar al lector a entender la oración más fácilmente.

Practica ✍

Escribe las comas donde sea necesario.

a. This book was developed by Bookbinders Inc.

b. Anthony was born on April 20 1984.

c. We went to El Paso Texas for our vacations.

d. Eddie my brother is a teacher in a small picturesque town.

29.3 *Punto y coma y dos puntos*

El **punto y coma** [;] es el signo de puntuación que le indica al lector que haga una pausa más larga que la de la coma, pero que no se detenga totalmente como lo indica el punto. Los **dos puntos** [:] se usan principalmente para señalar que aparecerá información adicional.

◆ El punto y coma

El punto y coma se usa para separar cláusulas independientes que están estrechamente relacionadas. También se usa para separar cláusulas independientes o elementos en una serie que ya contiene un número de comas.

Uso del punto y coma con cláusulas independientes

➜ Concepto clave

Usa el punto y coma para unir cláusulas independientes que no estén ya unidas por las conjunciones *and, but, for, nor, or, so, yet.*

➜ Concepto clave

Usa el punto y coma para unir cláusulas independientes separadas por un adverbio conjuntivo o una expresión de transición como *also, besides, therefore, as a result, first, in fact* (también, además, por lo tanto, como resultado, primero, de hecho). El punto y coma se coloca antes del adverbio conjuntivo o de la expresión de transición.

➜ Concepto clave

Considera usar el punto y coma para evitar la confusión cuando las cláusulas independientes ya tienen comas.

➜ Concepto clave

Usa el punto y coma entre elementos de una serie si los elementos ya tienen comas.

¡Atención!
No uses el punto y coma para unir cláusulas independientes que no están relacionadas.

¡Recuerda!
Cuando el adverbio sirve como introducción, se escribe seguido de una coma.

¡Atención!
Nota que la coma se usa para separar las palabras que no son esenciales de la palabra o palabras a las que modifican; el punto y coma separa elementos completos de la serie.

Practica ✍

Intercala el punto y coma cuando sea necesario.

a. Goddard Space Center has a wealth of engineering talent, in fact, it employs many top scientists.

b. Both women and men have important roles in space travel, consequently, everyone feels valued by the system.

c. It's time to examine the benefits of space travel, also, we need to thank space pioneers.

◆ Dos puntos

Los dos puntos [:] sirven como un elemento de introducción. También se usan en varias situaciones especiales.

Los dos puntos como introductores

→ Concepto clave

Usa los dos puntos antes de una lista de elementos que siguen a una cláusula independiente.

→ Concepto clave

Usa los dos puntos para presentar una cita formal o larga. Tu mejor guía para colocar los dos puntos debe ser la formalidad de la cita.

→ Concepto clave

Usa los dos puntos para introducir una oración que resuma o explique la oración anterior.

→ Concepto clave

Usa los dos puntos para introducir un apositivo formal que siga a una cláusula independiente.

Usos especiales de los dos puntos

Los dos puntos se usan en los siguientes casos especiales:

- Números que indican la hora: *5:22 A.M.*
- Referencias a publicaciones periódicas (número de ejemplar, número de página): *Forbes 4:8*
- Referencias a pasajes de la Biblia: *Genesis 1:5,* Génesis 1:5
- Saludos en cartas comerciales: *Dear Mr. Biggs:,* Estimado Sr. Biggs:
- Rótulos que comunican información importante, por ejemplo:

    WARNING: Do not use this product indoors.

    CUIDADO: No emplee este producto en interiores.

29.4 Comillas en citas textuales

Citar a un experto puede apoyar lo que escribes y hacer tu escrito más interesante.

◆ La puntuación de citas textuales

➔ Concepto clave

Una **cita textual** representa las exactas palabras de una persona. Las citas textuales van entre **comillas** [" "].

La primera palabra de una cita se empieza con mayúscula sólo cuando debe empezar con mayúscula, cualquiera sea su posición en la oración.

➔ Concepto clave

Una **cita indirecta** sólo menciona el sentido general de lo que una persona ha dicho y no requiere comillas.

➔ Concepto clave

Usa una coma o dos puntos luego de una expresión de introducción que preceda a la cita textual.

➔ Concepto clave

Usa una coma, un signo de interrogación o uno de exclamación después de una cita si le sigue más texto para concluir la oración.

"Railroad is one of the most important means of transportation," *wrote a representative.*
"El ferrocaril es uno de los medios de transporte más importantes", escribió el representante.

➔ Concepto clave

Usa una coma después de citar parte de una oración interrumpida por una frase. Coloca otra coma después de la frase.

"Railroad," *wrote a representative,* *"is an important means of communication."*
"El ferrocarril", escribió el representante, "es un medio importante de comunicación".

➔ Concepto clave

Usa una coma, un signo de interrogación o uno de exclamación después de citar una oración que viene antes de una interrupción. Usa un punto después de la expresión que interrumpe la cita.

"Should we expect the train on time?" he asked. "It was an hour late yesterday."
—¿Esperamos el tren a tiempo? —preguntó—. Ayer llegó una hora tarde.

◆ Las comillas con otros signos de puntuación

Decidir si los signos de puntuación deben ir o no dentro de comillas es un problema para algunos escritores. Hay cuatro reglas básicas que te ayudarán con este tema.

→ Concepto clave

Coloca siempre las comas y los puntos dentro de la comilla de cierre.

→ Concepto clave

Coloca siempre el punto y coma y los dos puntos afuera de las comillas de cierre.

→ Concepto clave

Coloca los signos de interrogación y los de exclamación dentro de las comillas de cierre si los signos son parte de la cita.

→ Concepto clave

Coloca los signos de interrogación y los de exclamación afuera de las comillas de cierre si los signos no son parte de la cita.

◆ Las comillas en casos especiales

Existen ciertos casos especiales como diálogos, citas de más de un párrafo o citas dentro de otras citas.

→ Concepto clave

Cuando escribas diálogos, comienza un nuevo párrafo cada vez que cambia la persona que habla.

→ Concepto clave

Cuando las citas sean de más de un párrafo, coloca comillas al comienzo y al final de cada párrafo.

→ Concepto clave

Usa comillas sencillas ['] para marcar una cita dentro de otra cita.

My mother said, "As you can see we have more people than expected, but as the old saying says, 'The more, the merrier.'"
Mi madre dijo: "Como pueden ver llegó más gente de la esperada, pero como dice el viejo refrán: 'Entre más, mejor'".

◆ El subrayado y otros usos de las comillas

→ Concepto clave

1. Subraya los títulos de trabajos literarios largos y los títulos de publicaciones.
2. Subraya los títulos de películas, series de radio y televisión, composiciones musicales largas, pinturas y esculturas.
3. Subraya los nombres de aviones, barcos, transbordadores, modelos de carros y otros vehículos.
4. Subraya las palabras extranjeras que todavía no hayan sido incorporadas al inglés.
5. Subraya números, símbolos, letras y palabras que se refieren a ellos mismos.
6. Subraya las palabras que quieras enfatizar.

¡Atención!
En español, la coma, el punto, el punto y coma y los dos puntos se ponen detrás de las comillas. Los signos de admiración e interrogación van dentro de las comillas. Recuerda que la diferencia más importante entre el ingés y el español es la posición del punto y la coma: en inglés van dentro de las comillas, en español van fuera.

¿Sabías que...
cuando escribes con un procesador de textos, se puede sustituir el subrayado de los títulos por letra cursiva?

Otros usos de las comillas

➜ Concepto clave

Coloca entre comillas los títulos de obras literarias cortas.

Coloca entre comillas los títulos de los episodios de una serie de radio o televisión, de canciones o de partes de composiciones musicales largas.

◆ Títulos sin subrayar y sin comillas

➜ Concepto clave

No subrayes o coloques entre comillas los nombres de diferentes textos religiosos. Tampoco coloques entre comillas los títulos de documentos del gobierno, alianzas, tratados, actas, estatutos o informes.

Practica ✍

Coloca las comillas o subraya las palabras según se necesite.

a. I really enjoyed reading Traveling to the Orient.

b. My magazine was Planes, Trains, and Automobiles.

c. She just wrote a short story called The Train.

29.5 *Rayas, paréntesis y guiones*

◆ Rayas

La **raya** [—] es una marca larga y horizontal, hecha un poco más arriba del renglón. Su función es separar texto de tres maneras diferentes.

➜ Concepto clave

Usa rayas para indicar un cambio súbito en el razonamiento, una idea que interrumpe el texto o una oración que resume.

> En tu libro de texto en inglés aparece una tabla del empleo de la raya para indicar estos usos.

➜ Concepto clave

Usa rayas para separar apositivos o modificadores no necesarios cuando son largos, cuando ya tienen signos de puntuación en ellos o cuando quieres recalcar algo.

> En tu libro de texto en inglés aparecen dos tablas del empleo de la raya para indicar apositivos y modificadores no necesarios.

➜ Concepto clave

Usa rayas para separar expresiones largas, que ya tienen signos de puntuación o que son muy enfáticas.

> **¡Ojo!**
> No uses la raya con demasiada frecuencia.

◆ Paréntesis

Los **paréntesis** [( )] separan material suplementario que no es esencial para la comprensión de la oración. Si bien no llaman tanto la atención como las rayas, los paréntesis son los separadores de texto más fuertes que puedes usar.

→ Concepto clave

Usa paréntesis cuando el material no es esencial o cuando consiste de una o más oraciones.

→ Concepto clave

Usa paréntesis para separar del texto números, como son fechas de nacimiento y muerte de una persona.

Mayúsculas y la puntuación entre paréntesis

→ Concepto clave

Cuando una frase u oración enunciativa interrumpe a otra oración, no uses mayúsculas iniciales ni puntos dentro del paréntesis.

→ Concepto clave

Cuando un a pregunta o una exclamación interrumpe a otra oración, usa una mayúscula inicial y un signo de interrogación o de exclamación dentro del paréntesis.

Cocky (That bird lived 82 years compared to the normal 50 in captivity!) lived in the London Zoo.
Cocky (¡Esa ave vivió 82 años comparados con los 50 normales en cautiverio!) vivió en el zoológico de Londres.

→ Concepto clave

Con cualquier oración que cae entre dos oraciones completas, usa una mayúscula inicial y un signo al final de la oración dentro de los paréntesis.

→ Concepto clave

En una oración que incluye paréntesis, coloca todo signo de puntuación que pertenezca a la oración principal afuera del paréntesis.

◆ Guiones

→ Concepto clave

El guión te permite unir y separar palabras.

Con números

1. Usa un guión cuando escribas números con dos palabras, del veintiuno (*twenty-one*) al noventa y nueve (*ninety-nine*).

2. Usa un guión con fracciones usadas como adjetivos (*one-half cup*).

3. Usa un guión después de un prefijo que está seguido por un sustantivo o adjetivo propios (*mid-November*) .

4. Usa un guión en palabras que tengan los prefijos *all-*, *ex-*, *self-*, y en palabras con el sufijo *-elect (all-star)*.

5. Usa un guión para conectar dos o más palabras que se usan como una palabra compuesta (*merry-go-round*, carrusel).

6. Usa un guión dentro de una palabra cuando una combinación de letras pueda ser confusa.

7. Usa un guión entre palabras para evitar que el lector las combine equivocadamente.

¡Ojo!
Consulta el diccionario si no estás seguro de si debes escribir el guión.

Practica

Escribe las rayas, los paréntesis y los guiones en las siguientes oraciones.

a. The king like peacock is one of my favorite birds.

b. The birds roost on that ground Why do they do such a thing? to be nearer to food sources.

c. The cardinal and the blue jay are North American birds and this is the most exciting aspect they are also names of baseball teams.

29.6 *Apóstrofos*

◆ Apóstrofos con sustantivos posesivos

En inglés, los apóstrofos se usan con sustantivos para indicar posesión o relación.

¡Ojo!
En español no se emplea el apóstrofo.

Con sustantivos singulares

➔ Concepto clave

Añade un apóstrofo y una *s* ['s] para mostrar la forma posesiva de la mayoría de los sustantivos singulares.

Con sustantivos plurales

➔ Concepto clave

Añade un apóstrofo ['] para mostrar la forma posesiva de los sustantivos plurales que terminan en *s* o en *es*.

➔ Concepto clave

Añade un apóstrofo y una *s* para mostrar la forma posesiva de sustantivos plurales que no terminan en *s* o en *es*.

¡Atención!
No confundas la *s* del plural y la *'s* posesiva.

Con sustantivos compuestos

➔ Concepto clave

Añade un apóstrofo y *s* (o simplemente un apóstrofo si la palabra es plural y termina en *s*) a la última palabra de un sustantivo compuesto para formar su posesivo.

En tu libro de texto en inglés aparece una tabla de apóstrofos empleados con sustantivos compuestos.

Con expresiones de tiempo y cantidades

Si usas expresiones posesivas acerca de tiempo o cantidades,
necesitarás un apóstrofo.

➜ Concepto clave

Para formar posesivos acerca de tiempo o cantidades usa un
apóstrofo y una *s* o simplemente un apóstrofo si la forma
posesiva es plural, *a day's journey* (un viaje de un día).

Para mostrar posesión conjunta e individual

➜ Concepto clave

Para mostrar posesión conjunta, haz posesivo el último
sustantivo.

➜ Concepto clave

Para mostrar posesión individual, haz posesivo cada sustantivo.
Compara los siguientes ejemplos:

> En tu libro de texto en inglés aparece una tabla con el uso
> correcto de los apóstrofos.

the president and the prime minister's documents
comparten los documentos

the president's and the prime minister's documents
cada quien tiene sus documentos

◆ Apóstrofos con pronombres

Algunos pronombres que muestran posesión requieren un
apóstrofo.

➜ Concepto clave

Usa un apóstrofo y una *s* con pronombres indefinidos para
mostrar posesión, *nobody's* (de nadie).

Si usas un pronombre indefinido formado por dos palabras,
añade el apóstrofo y una *s* a la última palabra, *nobody else's*
(de nadie más).

➜ Concepto clave

No uses apóstrofos con las formas posesivas de pronombres
personales *(yours, his, hers, theirs, its, ours, whose)*, éstos ya
indican posesión.

◆ Apóstrofos con contracciones

Las contracciones son palabras que se han acortado quitándoles
algunas letras y que llevan un apóstrofo para indicar que
faltan letras.

¡Ojo!
Las formas posesivas
whose e *its* se
confunden fácilmente
con las contracciones
who's e *it's*.

→ Concepto clave

Usa el apóstrofo para indicar la posición de la letra o del número que falta.

palabra	ejemplo	falta
not are not	aren't	la "o"
am/are I am	I'm	la "a"
you are	you're	la "a"
have you have	you've	"ha"
will you will	you'll	"wi"
would/should I would	I'd	"woul"
1905	'05	los dígitos "19"

◆ Usos especiales del apóstrofo

→ Concepto clave

Usa un apóstrofo y una *s* para escribir la forma plural de números, símbolos, letras y palabras que se refieren a sí mismos.

→ Concepto clave

Usa el apóstrofo también con los apellidos de origen extranjero, sobre todo los de origen irlandés, francés o italiano (*Mrs. O'Leary's cow, l'Abbé Prévost, Luigi Dynasty'Angelo*). La expresión *o'clock* también usa el apóstrofo.

→ Concepto clave

Usa un apóstrofo y una *s* para escribir la forma plural de números, símbolos, letras y palabras que se refieren a sí mismos (*the 90's, the A's on your report card*).

Practica

Corrige el uso de los apóstrofos cuando sea necesario.

a. seven oclock ______________________________

b. doesn't. ______________________________

c. Whose book? ______________________________

d. Whos nice? ______________________________

Destrezas académicas y para el trabajo

CAPÍTULO 30

Hablar, escuchar, observar y presentar

La gente comunica y recibe información de cuatro maneras principales: al hablar, al escuchar, al observar y al presentar la información. Cuanto más desarrolles estas estrategias, más fácil te será comunicar tus ideas y entender las ideas de otras personas efectivamente.

30.1 Destrezas para hablar y escuchar

Si desarrollas buenas destrezas para hablar, podrás contribuir efectivamente en las charlas de grupo de tu clase, sentirte más seguro al hacer presentaciones orales y comunicar tus sentimientos e ideas más fácilmente a otras personas. Si mejoras tus destrezas para escuchar, te será más fácil concentrarte en lo que se dice durante la clase y comprender mejor la información.

◆ Hablar en un grupo

En una charla de grupo se discuten ideas y temas libremente en un ambiente informal. Las charlas de grupo en las que vas a participar con más frecuencia ocurrirán principalmente en la escuela, con tus compañeros, y tratarán los temas que estás estudiando. Para poder aprovechar estas charlas de grupo, debes participar en ellas.

→ Concepto clave

Usa las charlas de grupo para expresar y escuchar ideas en un ambiente informal.

- **Comunícate efectivamente** Antes de hablar, debes pensar cuidadosamente sobre los puntos que quieres presentar, el orden en que los quieres presentar, las palabras que vas a usar para hacerlo y los ejemplos que vas a dar para apoyarlos. Si haces todo esto, tus pensamientos y tu mensaje serán claros para los que te escuchen.
- **Haz preguntas** Hacer preguntas te puede ayudar de dos maneras. Primero, te va a ayudar a entender las ideas de la persona que habla. Segundo, te va a permitir identificar posibles errores en lo que dice esa persona.
- **Contribuye con tus ideas** Concéntrate en el tema del que se habla. Relaciona lo que se dice con tus propias experiencias y conocimientos. Cuando contribuyas con tus ideas a la charla, aclara cómo están conectadas con el tema.

◆ Dar un discurso

Hacer una presentación oral o dar un discurso es lo que se conoce como "hablar en público". Para llegar a ser un buen orador, debes familiarizarte con diferentes tipos de discursos y acostumbrarte a hablar en público en forma fluida y con seguridad.

Reconoce los diferentes tipos de discurso

Hay cuatro clases principales de discursos, los informativos, los persuasivos, los que se dan para entretener y los espontáneos.

➜ **Concepto clave**

Toma en cuenta el propósito de tu discurso y la audiencia antes de decidir el tipo de discurso que vas a dar.

- Da un discurso **informativo** para explicar una idea, un proceso, una cosa o un suceso. En este tipo de discurso, puedes usar palabras técnicas para describir tu tema con más precisión.
- Da un discurso **persuasivo** para tratar de convencer a tu público de que tome tu posición o de que hagan algo. Generalmente en este tipo de discurso el lenguaje que debes usar es formal.
- Da un discurso **para entretener** cuando quieras que tu público se divierta. En este tipo de discurso puedes pasar de un lenguaje serio a otro menos serio.
- Da un discurso **espontáneo** cuando tengas que hablar sobre algo sin poder prepararte sobre el tema por adelantado.

Prepara y da un discurso

Si te piden que des un discurso, comienza a pensar sobre el tema. Elige un tema que te guste o que conozcas bien. Una vez que hayas hecho esto, vas a tener que preparar el discurso para decirlo frente a un público.

➜ **Concepto clave**

Para preparar tu discurso, investiga el tema, haz una reseña y usa tarjetas numeradas para tomar notas.

- **Recopila información** Ve a la biblioteca y usa otras fuentes para compilar información y para hallar ejemplos que apoyen tus ideas.
- **Haz una reseña** Organiza la información en una reseña de ideas y detalles principales. Usa números romanos y letras mayúsculas para los detalles.
- **Usa tarjetas numeradas de notas** Escribe la idea principal y los detalles más importantes en tarjetas que puedes consultar durante el discurso. Incluye las citas y datos. Usa mayúsculas y subraya la información que quieras destacar.

➜ **Concepto clave**

Cuando des tu discurso, usa un lenguaje retórico y estrategias verbales y no verbales.

- **Usa un lenguaje retórico** Repite palabras y frases importantes para identificar tus puntos clave. Utiliza verbos en la voz activa y adjetivos descriptivos para hacer tu discurso más animado e interesante. Usa series de palabras para dar a tu discurso un ritmo determinado.
- **Usa estrategias verbales** Cambia el volumen y tono de voz, como también la velocidad a la que hablas. Habla en una voz lo suficientemente alta como para que te pueda escuchar todo el público. Pronuncia las palabras o frases importantes más bajo o más alto para enfatizarlas.
- **Usa estrategias no verbales** Mira a tu público mientras hablas. Usa gestos, expresiones faciales y otros movimientos para enfatizar los puntos clave de tu mensaje.

Evalúa un discurso

Evaluar un discurso de otra persona te da la oportunidad de juzgar las estrategias de ese orador y también de revisar y mejorar tus propios métodos para preparar y dar un discurso.

→ **Concepto clave**

Cuando evalúas un discurso, ayudas al orador y adquieres más experiencia para hablar en público. Usa estas preguntas para evaluar un discurso:

- ¿El orador presentó el tema claramente, lo desarrolló bien y lo concluyó efectivamente?
- ¿Apoyó cada una de las ideas principales con detalles apropiados?
- ¿Se movió con seguridad y miró a su público?
- ¿Fueron sus expresiones faciales, gestos y movimientos apropiados para reforzar sus palabras?
- ¿Varió su tono de voz y la velocidad con que hablaba?
- ¿Pronunció claramente las palabras?

◆ Escuchar críticamente

¿Sabías que hay una diferencia entre oír y escuchar? Oír es lo que haces naturalmente cuando los sonidos llegan a tus oídos. Escuchar, o escuchar críticamente, requiere que entiendas e interpretes lo que oyes.

→ **Concepto clave**

Escuchar críticamente requiere preparación, una participación activa y una autoevaluación de parte de quien escucha.

Aprende el proceso de escuchar

Al igual que con otras formas de comunicación, cuanto más pongas de ti en el proceso de escuchar, más entenderás.

Centra tu atención Concéntrate en el orador y en sus palabras. Evita distraerte. Antes de presenciar un discurso o presentación oral, busca información sobre el tema del que se hablará.

Interpreta la información Usa las siguientes sugerencias para interpretar la información importante:

- Identifica las palabras y frases que el orador enfatiza o repite.
- De vez en cuando trata de repetir mentalmente y de memorizar las declaraciones importantes.
- Anota las declaraciones importantes y resume las ideas.
- Identifica el uso de estrategias verbales y no verbales: un cambio en la voz, en la expresión, en los gestos. Todo esto puede señalar la información que es importante.
- Vincula la información que da el orador con la información que ya conoces sobre el tema.

Responde al mensaje del orador Responde a la información que has escuchado identificando el tipo de discurso, su mensaje general, sus puntos más interesantes y útiles, y decide si estás o no de acuerdo con el orador. Si tienes dudas sobre algún punto, haz preguntas.

Diferentes maneras de escuchar

Cuando escuchas a un amigo usas un tipo diferente de destreza que cuando escuchas lo que tu maestro dice en clase o una presentación oral de uno de tus compañeros. En realidad, hay cuatro maneras de escuchar: la crítica, la empática, la de apreciación y la reflexiva.

- Cuando escuchas de manera **crítica** debes tratar de identificar los datos y detalles de apoyo para entender y evaluar el mensaje del que habla.
- Cuando escuchas de manera **empática** debes imaginarte en la posición de la otra persona y tratar de entender lo que la persona está pensando.

- Cuando escuchas con un fin de **apreciación,** trata de identificar y analizar los elementos artísticos de una obra literaria, como los personajes, ambientación, imágenes, rima y lenguaje descriptivo.
- Cuando escuchas de manera **reflexiva,** haz preguntas para obtener la información que luego debes usar para hacer nuevas preguntas.

Hacer diferentes tipos de preguntas

Cuando las ideas de un orador no son claras, puedes hacer diferentes tipos de preguntas.

- Las preguntas con **varias respuestas** no tienen una respuesta específica. Usa este tipo de pregunta para comenzar una charla o discusión. Por ejemplo: "¿Qué te pareció el recital de piano?"
- Las preguntas **cerradas** se deben contestar con un "sí" o un "no". Por ejemplo, "¿Tocó una pieza de Chopin en su recital?"
- Las preguntas sobre **datos** tratan de obtener una información o dato en particular y se las contesta dando esa información. Por ejemplo: "¿Cuántos años hace que toca el piano?"

Evalúa cómo se escucha

Utiliza las siguientes estrategias para evaluar tus habilidades para escuchar:

Repite los puntos de otra manera Repítele al presentador lo que te acaba de decir, usando otras palabras. Si el presentador concuerda contigo, sabrás que entendiste lo que él dijo.

Compara las interpretaciones Escribe tu interpretación de un mensaje y compárala con la interpretación de otros estudiantes utilizando un diagrama de Venn.

Investiga los puntos de discusión Usa la biblioteca u otras herramientas a tu disposición para investigar los hechos que consideres dudosos.

30.2 Destrezas de observación

El uso de imágenes es un importante método de comunicación. Ves ejemplos de esto en la televisión, los periódicos, revistas, libros de texto y en las obras de arte.

◆ Leer mapas y gráficas

Los mapas y las gráficas son instrumentos importantes para ayudar a los lectores a entender información que es difícil. Como estos elementos te ayudan a entender algo visualmente, a veces se los llama "ayudas visuales". Para poder leer o interpretar estas ayudas visuales, necesitas saber las características de cada una.

→ Concepto clave

Lee mapas y gráficas para obtener información visualmente.

Mapas

Un mapa puede presentar muchos tipos de información, además de la ubicación de ciudades y accidentes geográficos. Por ejemplo, puede identificar áreas con población, zonas de cultivos o dar información sobre el tiempo. Para leer un mapa, debes hacer lo siguiente:

1. Determinar el tipo y propósito del mapa.
2. Estudiar los símbolos, la escala y otra información disponible.
3. Relacionar la información en el mapa con la información escrita que lo acompaña.

Gráficas

Las gráficas ofrecen una manera visual de comparar información que está relacionada. Hay tres tipos de gráficas.

Gráfica lineal Una gráfica lineal muestra cambios durante un determinado período de tiempo. Consiste en una línea que conecta distintos puntos. Los puntos representan números o cantidades de algo. Para interpretar la gráfica debes:

1. Leer el título de la gráfica y sus rótulos para identificar el tipo de información que presenta y el período de tiempo que se considera.
2. Leer cada eje de la gráfica, la línea horizontal y la vertical que forman la gráfica.
3. Comparar la información.

Gráfica circular Una gráfica circular muestra la relación entre las partes o entre las partes y un todo. Para interpretar una gráfica circular debes:

1. Observar los números que van con cada parte.
2. Hacer corresponder las partes con la clave de la gráfica.
3. Usar los números y partes para hacer comparaciones.

Gráfica de barras Una gráfica de barras muestra cambios a lo largo de un período de tiempo o compara información. Una gráfica de barras tiene un eje vertical y un eje horizontal. Uno de los ejes muestra las cosas que se miden y el otro muestra números o cantidades. Para interpretar una gráfica de barras debes:

1. Observar la altura o longitudes de las barras para ver qué números representan.
2. Hacer corresponder la cosa que muestra la barra con el número al que llega la barra.
3. Comparar las alturas o longitudes de las barras.

◆ Considerar críticamente la información de los medios

Piensa cuidadosamente en lo que ves y oyes. Como los medios informativos distribuyen enormes cantidades de información, es importante que aprendas las diferencias entre los diferentes medios.

→ Concepto clave

Aprende a identificar y evaluar los varios tipos de información e imágenes que se encuentran en los medios informativos no impresos.

Reconoce los tipos de medios informativos

La televisión, los documentales y otros medios brindan noticias y otra información. Los siguientes son algunos tipos de medios informativos no impresos.

MEDIOS INFORMATIVOS NO IMPRESOS

Medio	Tema	Formato y contenido	Punto de Vista
Televisión	Noticias y asuntos del momento	Resúmenes acompañados por imágenes	Da información objetiva
Documental	Un tema de interés social	Tema presentado a través de narración e imágenes	Expresa opiniones controvertidas
Entrevista	Temas de interés social	Charlas con preguntas	Presenta las opiniones del entrevistador y el entrevistado
Comentario	Temas de actualidad o polémicos	Comentarios hechos por una sola persona y apoyados por datos y estadísticas	Presenta las opiniones de una sola persona
Comercial	Productos, personas e ideas	Mensaje breve con imágenes y eslóganes	Presenta información para vender algo

Evalúa técnicas de persuasión

Cuando lees o miras cualquiera de los medios informativos debes estar atento a las técnicas de persuasión que se están usando para que tu comprensión de la información no sea distorsionada.

→ **Concepto clave**

Debes estar atento a las técnicas de persuasión que usan los medios y que pueden distorsionar tu entendimiento de los sucesos reales.

- Los **datos y opiniones** son dos de los principales medios de persuasión. Un **dato** es una declaración que se puede comprobar. Una **opinión** es un punto de vista que no se puede comprobar.
- Las **connotaciones del lenguaje** y las imágenes se usan para apelar a tus emociones con el propósito de persuadirte a pensar de una cierta manera.
- La **tendencia** es la predisposición a pensar de una cierta manera. Mientras observas la información, considera si la información se presenta objetivamente o con una tendencia hacia un determinado punto de vista.

Evalúa informacion de los medios de difusión

Una vez que hayas entendido los diferentes medios de difusión y sus técnicas persuasivas, estarás listo para evaluar los programas.

→ **Concepto clave**

Usa estrategias de observación crítica para evaluar más efectivamente los medios informativos.

- Cuando mires un programa, observa su formato, propósito y limitaciones.
- Distingue entre datos y opiniones. Estate atento a las connotaciones del lenguaje o a las imágenes sensacionalistas que pueden hacer que reacciones de una cierta manera. Trata de determinar si hay una tendencia y nota los puntos de vista que no se mencionan.
- Comprueba toda la información sorprendente o cuestionable en otras fuentes.
- Mira todo el programa y forma tus propios puntos de vista sobre los temas, personas e información.

◆ Considerar críticamente obras artísticas

Cuando ves y evalúas una obra de arte, pinturas, dibujos, fotografías o esculturas, usas diferentes estándares a los que usas para evaluar un programa de televisión, aun si la obra de arte tiene un mensaje político o social. El énfasis en identificar tendencias, connotaciones del lenguaje y opiniones se convierte en un examen de línea, forma, color y movimiento.

→ **Concepto clave**

Para enriquecer tu comprensión y apreciación de las obras de arte, observa los varios elementos que aparecen en ellas.

Interpreta los elementos de una obra de arte

Considera las siguientes preguntas mientras observas una obra de arte:

- ¿Qué tipo de trabajo estás mirando: una pintura, dibujo, fotografía, grabado o collage?
- ¿Cuál es el tema y el punto principal del trabajo?
- ¿Qué técnica usa el artista: color en vez de blanco y negro, líneas cortas o largas, colores brillantes o apagados?
- ¿Qué estado de ánimo, tema o mensaje comunica la obra?
- ¿Es positiva o negativa tu respuesta general a la obra? ¿Por qué?

30.3 *Destrezas de presentación*

La presentación visual, o sea el uso de imágenes, es un método importante para comunicar ideas. Puedes diseñar tus propias presentaciones visuales por medio de organizadores gráficos, presentaciones de multimedia y actuaciones.

◆ Crear presentaciones visuales

Cuando lees, investigas, estudias o presentas ideas complicadas, puedes usar ayudas visuales para dar una estructura a tu material. Esto hace que la información se entienda más fácilmente.

→ Concepto clave

Si hay demasiada información o datos técnicos, éstos pueden entenderse mejor si se presentan utilizando cuadros, gráficas y tablas, diagramas e ilustraciones, o mapas. Sigue las siguientes estrategias:

- Usa descripciones del texto.
- Observa la estructura del texto.
- Identifica tu propósito .

◆ Usar el formato

Puedes mejorar tu trabajo escrito si usas los elementos básicos del formato de tu programa procesador de texto. Estos elementos incluyen la letra en negrita (**negrita**), la cursiva (*cursiva*), las mayúsculas, diferentes tamaños de letra y puntos, entre otros.

Listas Usa las listas con puntos [•] o números cuando tengas que presentar cosas que deben hacerse en secuencia.

Gráficas Usa gráficas para llamar la atención del lector y para darle una idea del tipo de información que va a encontrar.

◆ Trabajar con multimedia

Una presentación oral se convierte en una presentación de multimedia cuando el orador explica los puntos principales con selecciones tomadas de diferentes medios. Si la presentación es planeada y realizada cuidadosamente, puede ser muy efectiva y la gente la recordará.

Prepara una presentación de multimedia Primero, prepara una reseña de tu informe. Luego, decide qué partes se pueden explicar usando diferentes medios.

- Elige el medio apropiado para tu tema. Por ejemplo, si hablas sobre la música de Beethoven, un retrato del compositor, segmentos de videos sobre su vida y grabaciones de la música que compuso harán más interesante tu presentación.
- Mientras presentas tu informe, incorpora los diferentes materiales en los lugares apropiados. No muestres tus materiales todos al mismo tiempo.
- Comprueba que los medios que piensas usar pueden ser vistos y escuchados por todos. El público que está en la parte de atrás tal vez no pueda ver una fotografía pequeña. Sería mejor proyectar la imagen sobre una pantalla.
- El día antes de tu presentación, familiarízate con el uso del equipo. No dejes que el público se distraiga por problemas con el equipo.
- Antes de tu presentación, asegúrate de que todo tu equipo (proyectores, micrófonos,

grabadores, etc.) funcione bien.

- Ten siempre un plan alternativo en caso de que algo vaya mal con el equipo.

◆ Preparar un rotafolio

Los rotafolios son presentaciones visuales que ayudan a la audiencia a recordar los puntos claves de tu discurso.

◆ Representar o interpretar

Representar algo es una de las formas más antiguas y efectivas de comunicar información.

→ Concepto clave

Puedes usar una variedad de técnicas para trasmitir el significado de un escrito o canción.

Antes de la representación

Ya sea que planifiques representar el trabajo de otra persona o uno propio, recuerda estas sugerencias:

1. Escribe el texto en un cuaderno o saca fotocopias. Luego, destaca las palabras e ideas más importantes.
2. Lee el trabajo varias veces, cambiando el tono y volumen de voz y enfatizando diferentes palabras y frases.
3. Practica varios movimientos, como hacer gestos con las manos, o cambiar la expresión o la postura, para comunicar el significado del trabajo.
4. La ropa, materiales de apoyo, la escenografía y la música son partes importantes de la representación y pueden ayudarte a crear un estado de ánimo particular en tu público.
5. Ensaya la representación hasta que te sientas cómodo con todos los detalles.

◆ Reflexiona sobre lo que dijiste, escuchaste, observaste o presentaste

Repasa los diferentes conceptos que viste en este capítulo. Escribe una reflexión de una página sobre tus experiencias. Usa estas preguntas como guía:

- ¿Cambió mi opinión sobre las destrezas que yo pensaba debían tener un buen orador y un buen público? ¿De qué manera puedo mejorar en cada una de estas destrezas?
- ¿Qué destrezas han mejorado más mis habilidades para considerar críticamente la información?
- ¿Con qué presentaciones disfruté más?
- ¿Qué he aprendido sobre la observación y la presentación?

Comenta tus resultados con tus compañeros.

CAPÍTULO 31

Vocabulario y ortografía

Las palabras que usas y la manera en que las presentas se pueden combinar para crear un mensaje efectivo. Tu vocabulario incluye todas las palabras que conoces y usas al hablar, escribir y leer. Si aumentas tu vocabulario podrás entender y comunicar mejor ideas y emociones. Una buena ortografía es un elemento esencial para comunicarse bien.

31.1 *Desarrolla tu vocabulario*

Para aumentar tu vocabulario, es necesario que desees saber más sobre las palabras y su significado. Hay varios métodos y técnicas para hacer esto.

◆ Escuchar, hablar y leer

➔ Concepto clave

Escuchar, leer y hablar son las maneras más comunes de desarrollar tu vocabulario.

Escucha y usa palabras nuevas

Cuando eras un bebé no podías usar palabras para comunicar tus deseos y necesidades. Hacías mucho ruido, pero todo el mundo tenía que adivinar qué querías. Sin embargo, antes de poder decir una sola palabra, ya entendías muchas. La gente te hablaba y tú escuchabas atentamente. En poco tiempo, empezaste a hablar y pronto empezaste a unir las palabras, formando oraciones, y a seguir reglas gramaticales, casi sin darte cuenta.

Ahora, como entonces, escuchar es una excelente manera de desarrollar tu vocabulario. Cuando hables con la gente, tomes apuntes en la clase, mires televisión o escuches la radio, anota las palabras que no conoces y luego busca su significado en el diccionario. Siempre que puedas, trata de usar estas palabras nuevas en una conversación.

Lee sobre diferentes temas

Probablemente al leer encuentres más palabras que no conoces que en cualquier otra ocasión. El vocabulario escrito de las personas es generalmente mucho más amplio que su vocabulario hablado.

Cuanto más variadas sean tus lecturas, más variedad tendrá tu vocabulario. Trata de leer sobre una gran cantidad de temas en libros de texto, periódicos, revistas, novelas, poemas y artículos de Internet.

◆ Reconocer claves de contexto

➔ Concepto clave

El **contexto** de una palabra son las palabras que la acompañan en la oración, o la situación en que se usa la palabra.

Hay muchos tipos de contexto, entre ellos la descripción, el ejemplo, la repetición, la comparación y contraste, y los sinónimos y antónimos.

◆ Denotación y connotación

→ Concepto clave

La **denotación** de una palabra es su definición literal. Su **connotación** incluye las ideas, imágenes y sentimientos asociados con esa palabra.

◆ Identificar palabras relacionadas

→ Concepto clave

Los **sinónimos** son palabras que tienen un significado similar. Los **antónimos** son palabras que tienen significados opuestos. Los **homófonos** son palabras que suenan igual, pero tienen diferentes significados y se escriben de distinta manera.

◆ Usar palabras relacionadas en analogías

→ Concepto clave

Las **analogías** presentan un par de palabras que están relacionadas de alguna manera.

31.2 Estudiar las palabras sistemáticamente

◆ Usar un diccionario y un diccionario de sinónimos

→ Concepto clave

Un **diccionario** te dice el significado, la ortografía y la pronunciación de las palabras.

- Busca la forma básica de la palabra, o sea la forma sin las terminaciones que indican tiempo o número.
- Estudia la pronunciación de la palabra que buscaste. Generalmente aparece entre paréntesis, inmediatamente después de la palabra.
- Nota los diferentes significados que puede tener la palabra.
- Nota las abreviaturas que se usan en las definiciones para indicar qué función cumple la palabra en una oración.

→ Concepto clave

Un **diccionario de sinónimos** te da una lista de palabras con significados similares.

- No uses una palabra simplemente porque suena interesante. Elige las palabras que expresan precisamente lo que quieres decir.
- Para evitar errores, busca la palabra en un diccionario para conocer su significado exacto y asegurarte de que la usas apropiadamente.

31.3 Estudiar las partes y los orígenes de las palabras

Cuando analizas las partes de una palabra desconocida, puedes hallar claves para determinar su significado. Muchas palabras tienen un prefijo, una raíz y un sufijo.

◆ Usar prefijos

→ Concepto clave

Un **prefijo** consiste en una o más sílabas colocadas delante de la raíz de la palabra.

◆ Identificar raíces

→ Concepto clave

La **raíz** es la base de una palabra.

◆ Usar sufijos

Algunos sufijos, o terminaciones de palabras, forman sustantivos plurales, como la -*s* en *dogs*. Otros muestran los tiempos de los verbos, como -*ed* en *wanted* o -*ing* en *wanting*. Los sufijos también pueden formar nuevas palabras.

→ Concepto clave

Un **sufijo** consiste en una o más sílabas añadidas al final de la raíz de una palabra. Se puede usar para formar nuevas palabras.

◆ Explorar la etimología

La **etimología** de una palabra es el origen e historia de la palabra.

→ Concepto clave

Conocer la etimología de una palabra te puede ayudar a entender su significado.

Las palabras pueden evolucionar de diferentes maneras. Éstas son algunas de ellas:

- Las palabras se toman "prestadas" de otro idioma.
- Las palabras cambian de significado con el uso y el paso del tiempo.
- Las palabras se inventan para referirse a conceptos completamente nuevos.
- Las palabras se combinan o acortan.
- Las palabras se forman a partir de siglas o de iniciales.

31.4 Mejorar la ortografía

◆ Crear un cuaderno de ortografía

Acostúmbrate a hacer listas de todas las palabras en las que cometes errores de ortografía frecuentemente. Puedes agrupar estas palabras en dos categorías. La primera puede incluir las palabras que te resultan particularmente difíciles y en las que cometes muchos errores. La segunda categoría puede incluir las palabras en las que cometes errores que siguen un patrón.

→ Concepto clave

Haz una lista de las palabras en las que cometes errores más frecuentemente y de los patrones que siguen esos errores.

Identifica patrones de errores Aprende a identificar los patrones de tus errores ortográficos. Algunos de los patrones más comunes son los siguientes:

- Repetir consonantes.
- Usar apóstrofos en los plurales.
- Omitir las letras que no se pronuncian.
- Invertir el orden de algunas letras.
- Separar palabras combinadas.
- Confundir las contracciones y los pronombres posesivos.

◆ Seguir las reglas de la ortografía

Si bien algunas palabras presentan problemas, la mayoría de las palabras en inglés siguen patrones regulares. Éstos son algunos de esos patrones:

Plurales

→ Concepto clave

La forma regular plural de la mayoría de los sustantivos se forma añadiendo *-s* o *-es* a la forma singular.

Plurales regulares Como regla general, puedes agregar *-s* al sustantivo para formar su plural. Sin embargo, con ciertos sustantivos regulares puedes elegir entre agregar *-s* o *-es*. En ciertas palabras tal vez tengas que cambiar una o dos letras.

1. Para formar los plurales de palabras que terminan en *s, ss, x, z, sh, ch,* añade *-es* a la raíz de la palabra.

2. Para formar los plurales de palabras que terminan en *y* u *o* precedidas por una vocal, añade *-s* a la raíz de la palabra.

3. Para formar los plurales de palabras que terminan en *y* precedida por una consonante, cambia la *y* a una *i* y añade *-es*. Para la mayoría de las palabras que terminan en *o* precedida por una consonante, añade *-es*. Para los términos de música que terminan en *o*, simplemente añade *-s*.

4. Para formar los plurales de algunas palabras que terminan en *f,* o *fe*, puedes añadir *-s* o puedes cambiar la *f* o *fe* a *v* y añadir *-es*. Para las palabras que terminan en *ff*, añade *-s*.

Plurales irregulares Los plurales irregulares no se forman de acuerdo a las reglas anteriores. Puedes, sin embargo, hallar los plurales irregulares en algunos diccionarios, inmediatamente después de la pronunciación de las palabras.

→ Concepto clave

Consulta un diccionario para formar los plurales irregulares.

Sobre los plurales de palabras compuestas Las palabras compuestas que se escriben como una sola palabra siguen las reglas generales para formar plurales. Para formar los plurales de las palabras compuestas que se escriben con un guión o como palabras separadas, pasa al plural la palabra que se modifica.

◆ Prefijos y sufijos

Un **prefijo** consiste en una o más sílabas agregadas al principio de una palabra para formar una nueva palabra. Un **sufijo** está formado por una o más sílabas añadidas al final de la palabra.

→ Concepto clave

Agregar un prefijo a una palabra no afecta a cómo se escribe la palabra original. Agregar un sufijo, con frecuencia implica cambiar cómo se escribe la palabra.

Sufijos Cuando agregas sufijos a algunas palabras, necesitas hacer un cambio ortográfico. Los siguientes son los cambios más generales que ocurren al agregar sufijos a ciertas palabras:

1. Las palabras que terminan en consonante + *y*, y llevan los sufijos *-ance, -ness.* En estos casos la *y* se cambia a *i*.

2. Las palabras que terminan en vocal + *y*, y llevan los sufijos *-er, -ment.* En estos casos no se necesitan cambios.

3. En cualquier palabra que termine en *e*, si agregas un sufijo que empieza con una vocal, tienes que eliminar la *e* de la nueva palabra. Si el sufijo empieza con una consonante, no necesitas hacer cambios.

◆ **Entender las reglas y sus excepciones**

Como el inglés tomó muchas palabras **prestadas de otros idiomas**, la mayoría de las reglas tienen excepciones, es decir palabras que no siguen los patrones regulares y por eso deben aprenderse de memoria.

◆ **Leer cuidadosamente**

➜ **Concepto clave**

Lee cuidadosamente todo lo que escribas. Éstas son algunas destrezas para mejorar tu ortografía:

- Lee con cuidado todo lo que escribas.
- Lee una línea por vez. Cubre el resto del texto con una regla o una hoja de papel.
- Lee de atrás para adelante, es decir de la última palabra a la primera.
- Consulta un diccionario siempre que tengas dudas.
- Pide a un compañero que revise tu ortografía. Luego, lee el trabajo de tu compañero.
- Siempre lee tu trabajo más de una vez.

◆ **Reflexionar sobre la ortografía y el vocabulario**

Revisa tu lista de errores frecuentes, las reglas ortográficas y los métodos para aumentar tu vocabulario. En tu diario, escribe y responde a estas preguntas:

- ¿Qué palabras son más fáciles y qué palabras son más difíciles para mí?
- ¿Qué tipo de errores ortográficos hago más frecuentemente?
- ¿Qué método me ayudó a aprender la mayor cantidad de palabras?

CAPÍTULO 32

Lectura

En los grados anteriores tus maestros te decían que tenías que aprender a leer. Este año tienes que leer para aprender. Ser un buen lector de obras de ficción y de no ficción significa considerar lo que vas a leer y usar las destrezas de evaluación y formación de opiniones.

32.1 Métodos de lectura

Para entender mejor lo que dice un libro, tienes que determinar tú mismo cuál es su mensaje.

◆ Las secciones de un libro de texto

→ Concepto clave

Usa las secciones especiales de tu libro de texto para familiarizarte con sus funciones.

Tabla de contenido Está al principio del libro y muestra su organización con una lista de las unidades y capítulos y los números de páginas donde comienzan.

Prefacio o introducción Esta información aparece inmediatamente antes o después de la tabla de contenido. El prefacio dice cuál fue el propósito del autor para escribir el libro. La introducción da un panorama general de las ideas del libro.

Índice El índice se encuentra al final del libro y es una lista en orden alfabético de los temas y términos específicos que aparecen en el libro, junto con el número de las páginas donde aparecen.

Glosario El glosario se encuentra al final del libro y es una lista de los términos que se usan en el libro, junto con sus definiciones.

Apéndice También está al final del libro y contiene información adicional que el autor considera útil para entender lo que se dice en el libro.

Bibliografía La bibliografía incluye información sobre los libros y artículos que consultó el autor, así como una lista de otros materiales que puedes estar interesado en leer.

◆ Usar diferentes estilos de lectura

→ Concepto clave

Escoge el estilo de lectura más adecuado según el texto y tu objetivo.

Lee por encima Cuando lees por encima un libro, lo que haces es mirarlo rápidamente para tener una idea general de su contenido. Presta atención a las letras destacadas con color o en negrita, a los títulos y subtítulos y a las oraciones temáticas. Usa este método para tener un panorama general del libro y para ubicar la información.

Da un vistazo al texto Cuando das un vistazo al texto de un libro, lo haces para encontrar información específica. Busca palabras que estén relacionadas con el tema u objetivo por los que considerarías leer el libro. Usa este método para investigar, revisar y encontrar información.

Lee detenidamente Cuando lees detenidamente un libro, lees prestando mucha atención para entender y recordar las ideas, para identificar relaciones entre ellas y para llegar a conclusiones sobre lo que has leído. Usa este método para organizar, estudiar y recordar información.

◆ Usar el método SQ4R

También puedes usar la organización de un libro de texto para estudiar temas específicos si te familiarizas con las siguientes estrategias: Inspeccionar *(Survey)*, Hacer preguntas *(Question)*, y Leer *(Read)*, Tomar notas *(Record)*, Repetir *(Recite)* y Repasar *(Review)*. Todas estas estrategias juntas forman el método SQ4R.

→ Concepto clave

Usa el método SQ4R para entender mejor el contenido del libro.

Inspeccionar te permite familiarizarte con lo que vas a leer. Cuando inspeccionas un libro de texto presta atención a los títulos, subtítulos, palabras en cursiva o en negrita, a la introducción o resúmenes, a las ilustraciones y sus notas y también a las preguntas al final de cada sección o capítulo. La inspección no te debe llevar más que unos pocos minutos.

Hacer preguntas es una buena manera de pensar sobre el tema antes de leerlo. A medida que leas los títulos y subtítulos, pregúntate qué pueden incluir. Tu habilidad de hacerte preguntas te puede ayudar a concentrarte en las ideas y detalles principales mientras lees.

Leer es el momento para comprender y hallar las respuestas a las preguntas que te hiciste en el paso anterior. Además, debes determinar cuáles son las ideas principales y los detalles más importantes.

Tomar notas de las ideas principales y detalles de mayor importancia es una de las mejores maneras de recordar lo que lees. Organizar en tu mente las ideas mientras lees y luego escribir una reseña de ellas, te ayudará a recordar lo que leíste.

Repetir lo que has leído refuerza tu comprensión de las ideas del libro. Hay varias maneras de hacer este paso:

- Repite en voz alta la información que quieres aprender bien.
- Repite mentalmente la información que quieres recordar.
- Con un compañero, háganse preguntas sobre lo que leyeron.

Repasar te va a permitir retener lo que has aprendido. Cuando repases, debes repetir algunos de los pasos anteriores. Saber cuándo repasar es casi tan importante como la forma en que repasas. No dejes pasar mucho tiempo entre repasos para no olvidar lo aprendido. Antes de hacer una prueba, debes repasar la información varias veces.

◆ Usar esquemas

Hacer una **reseña** del material que lees te ayudará a entender mejor la información. Cuando hagas una reseña, escribe las ideas principales y los detalles de apoyo de un tema.

→ Concepto clave

Usa una reseña para organizar la información importante.

◆ Usar organizadores gráficos

Un organizador gráfico es una buena herramienta para resumir y repasar información, así como para mostrar relaciones entre ideas. Como la información está organizada visualmente, el organizador gráfico te da un panorama general del tema.

→ Concepto clave

Usa organizadores gráficos para entender las relaciones entre las ideas de un texto.

Diagrama de Venn Usa este organizador para comparar y contrastar dos temas. Para hacer un diagrama de Venn traza dos círculos que se sobrepongan. En la sección común a los dos círculos escribe las características que tienen en común los temas. En las otras secciones, las de los costados del diagrama, escribe en qué se diferencian.

Cuadro de secuencia Este organizador gráfico, usado con frecuencia para reseñar obras de no ficción, aclara la secuencia de varios acontecimientos.

Para hacer un cuadro de secuencia, escribe en una hoja de papel el primer suceso de la secuencia y enciérralo en un círculo o en un cuadrado. Luego, escribe cada uno de los sucesos siguientes dentro de un círculo o cuadrado y usa flechas para indicar cómo cada uno se continúa en otro.

32.2 *Leer no ficción críticamente*

Cuando lees críticamente, examinas y cuestionas las ideas del autor, prestando especial atención a su propósito. También evalúas la información que el escritor incluye como apoyo y luego te formas una opinión sobre la obra.

◆ Entender las obras de no ficción

→ Concepto clave

Usa las destrezas generales de lectura para entender mejor las ideas de un autor.

Sigue las siguientes destrezas:

- **Establece un propósito para leer** Antes de comenzar a leer, decide por qué quieres leer ese trabajo. Una vez que hayas establecido tu propósito, busca en el texto la información y detalles que lo apoyen.
- **Identifica las ideas principales y los detalles** A medida que lees, identifica las relaciones entre las ideas y los sucesos del texto. Algunas relaciones comunes son la de secuencia, entre partes y todo, orden de importancia, causa y efecto, comparación y contraste, y orden espacial.
- **Interpreta** Repite con tus propias palabras lo que has leído para entender mejor el texto.
- **Responde** Piensa sobre lo que ha dicho el autor y cómo te sientes tú con respecto al tema. También, piensa cómo podrías usar este conocimiento en tu vida.

◆ Evaluar lo que lees

→ Concepto clave

Sé un lector atento para poder determinar cuál es el propósito del autor y si la información que da se puede comprobar.

Propósito del autor Parte de ser un lector crítico es poder decir porqué escribe el autor. Los siguientes son algunos propósitos comunes y las claves que te ayudarán a identificarlos:

- **Informar** Serie de datos que están comprobados por experimentación, registros u observación personal.

- **Instruir** Desarrollo en secuencia de una idea o de un proceso.
- **Opinar** Presentación de una cuestión desde un punto de vista específico, apoyado por detalles válidos.
- **Vender** Técnicas de persuasión, que incluyen datos y propaganda, diseñadas para vender una idea o producto.
- **Entretener** Narración humorística de un evento; se usa con frecuencia para hacer más entretenido un tema serio.

Inferencias A veces, un escritor expresa directamente su propósito. Sin embargo, frecuentemente el propósito está implícito. Mientras lees, debes hacer inferencias sobre el propósito del autor usando las claves que encuentres en el texto.

Hecho y opinión Para poder decidir si el material que lees se puede comprobar, tienes que distinguir entre hechos y opiniones. Un hecho es algo que puedes verificar, o probar que es cierto, por observación personal, por declaraciones de expertos o por experimentación. Una opinión no se puede comprobar, pero se puede considerar válida si es apoyada por datos relacionados.

◆ Evaluar el razonamiento

→ Concepto clave

La generalización, la analogía y la causa y efecto son formas comunes de razonamiento que los autores usan para comunicar información que puede, o no, ser válida.

Una **generalización** es una declaración que se hace en base a un número de datos o casos particulares.

Una **analogía** es una comparación entre dos cosas que son similares de ciertas maneras pero que son esencialmente diferentes. Un autor puede usar una analogía para comunicar una idea mostrando la similitud que la idea tiene con otra cosa más conocida.

Una secuencia de **causa y efecto** puede ser usada por un autor para llegar a la conclusión de que un evento fue la causa de otro porque el primer evento ocurrió inmediatamente antes del segundo. El autor usa una secuencia de causa y efecto válida cuando un suceso es causado por uno o más sucesos que ocurren antes. Otro autor puede usar una secuencia de causa y efecto inválida cuando el primer suceso no causó el segundo.

Puedes determinar si una secuencia de causa y efecto es válida o no haciendo las siguientes preguntas:

1. ¿Qué evidencia hay de que el primer suceso pudo haber causado el segundo?
2. ¿Qué otros sucesos pudieron haber causado el segundo?
3. ¿Podría haber ocurrido el segundo suceso sin el primero?

◆ Examinar el lenguaje del autor

Los autores pueden usar diferentes tipos de lenguaje para hacer que pienses o sientas de una cierta manera sobre las ideas que presentan.

→ Concepto clave

La denotación y la connotación de las palabras y la jerga son algunas de las maneras en que los autores usan el significado de un dato o un suceso.

La **denotación** de una palabra es el significado literal de la palabra y tiene un tono neutro. La **connotación** de una palabra sugiere o implica un tono positivo o negativo. La **jerga** es un lenguaje que parece ser científico o técnico, pero que en realidad es vago y muchas veces no tiene sentido. Los autores lo usan para confundir o engañar al lector y ocultar el verdadero significado de las palabras.

32.3 *Leer obras literarias*

La literatura es una forma de escritura imaginativa que comprende novelas, cuentos, poemas y obras de teatro.

◆ Lectura activa

→ Concepto clave

Usa una variedad de destrezas de lectura para aumentar tu comprensión de las obras literarias.

- **Establece un propósito para leer** Antes de comenzar a leer, decide por qué estás leyendo la obra. Establecer un propósito dará foco a tu atención.
- **Pregunta** A medida que lees, pregúntate qué está pasando en el texto. Luego, continúa leyendo para hallar las respuestas.
- **Vuelve a leer o avanza en la lectura** Vuelve a leer una oración, párrafo o verso para hallar la conexión entre las palabras o para conectar las ideas de varias oraciones. Avanza en la lectura para hallar más información sobre palabras o ideas difíciles.
- **Haz conexiones personales** Usa tus propias experiencias como ayuda para entender mejor lo que estás leyendo. Mientras lees, busca conexiones entre gente y sucesos de tu vida y los del texto.
- **Conoce el contexto histórico** ¿Cuándo ocurre la acción? ¿Cuáles eran las costumbres y la moral de esos tiempos? ¿Qué sugiere el contexto histórico?
- **Responde** Al leer, piensa qué sientes por los personajes y las situaciones en las que se encuentran. Cuando hayas terminado piensa en lo que la obra significa para ti.

◆ Leer ficción

→ Concepto clave

Las novelas y los cuentos generalmente se centran en un conflicto principal que debe enfrentar un personaje.

Determina el punto de vista El punto de vista de una narración está dado por quien cuenta la historia. En el punto de vista de la tercera persona, el narrador conoce a todos los personajes y dice lo que sienten y piensan. En el punto de vista, o narración, en primera persona, el narrador es uno de los personajes y usa el pronombre de la primera persona *I* (Yo). En este caso, el narrador no conoce los sentimientos o pensamientos de los otros personajes.

Identifica las etapas del argumento El argumento es la secuencia de sucesos que ocurren en la historia. La exposición da detalles generales y establece la ambientación del conflicto. El conflicto es la oposición entre personas o fuerzas y es lo que dirige la acción en la historia. El conflicto aumenta en intensidad a lo largo de la obra hasta que se resuelve, de alguna manera, luego del clímax de la historia. El clímax de la historia es su punto de mayor tensión.

Describe a los personajes Un personaje es alguien o algo que toma parte en la historia. Los personajes pueden ser principales o secundarios, según su importancia en la historia.

Identifica al conflicto El conflicto es la lucha entre dos fuerzas opuestas. El conflicto puede ser interno, cuando la lucha es mental o emocional. El conflicto externo es una lucha entre un personaje y una fuerza exterior.

Leer obras de teatro

La historia de una obra de teatro se cuenta mayormente a través de diálogos y acciones. Las direcciones escénicas indican cuándo y cómo los actores deben moverse en el escenario. También pueden indicar los tipos de iluminación y sonidos que son parte de la obra.

→ Concepto clave

Cuando lees una obra de teatro, es importante que recuerdes que fue escrita para ser representada.

Lee la lista de personajes Antes de comenzar a leer la obra, lee la lista de personajes y de las relaciones que existen entre ellos.

Usa las direcciones escénicas Lee las direcciones escénicas y usa tu imaginación para crear en tu mente una imagen de lo que ocurre en la obra.

Resume lo que ocurrió después de cada acto o escena Las obras de teatro se dividen en actos o escenas. Luego de cada uno, resume lo que sucedió para poder seguir la trama de la obra.

Leer poesía

→ Concepto clave

Un poema es una combinación de imágenes y detalles que crean una impresión total.

Identifica y entiende al que habla Para identificar a quien habla en el poema, pregúntate: ¿Quién es el que habla? ¿Cuál es su aspecto? ¿En qué situación o lugar se encuentra? ¿A quién le habla? ¿Qué piensa de la vida?

Sigue la puntuación Los signos de puntuación son muy importantes en los poemas porque ayudan a darles un ritmo especial.

Examina las imágenes Los autores usan el lenguaje descriptivo para "pintar" imágenes con palabras. Presta atención a los detalles sensoriales del poema.

Parafrasea el poema Parafrasear, o sea repetir con tus propias palabras las experiencias y sentimientos del poema, te ayudará a entender mejor lo que lees. Antes de parafrasear un poema, asegúrate de entender quién habla, qué pasa y las ideas e imágenes usadas por el autor.

Leer mitos y cuentos folclóricos

Muchas canciones populares, cuentos folclóricos, leyendas y mitos comenzaron como narraciones orales. Un mito es una historia de ficción que explica las acciones de los dioses o las causas de fenómenos naturales. No están respaldados por verdades históricas y con frecuencia incluyen elementos sobrenaturales. Todas las culturas tienen sus propios mitos. Los cuentos folclóricos son historias sobre distintos héroes y sus aventuras.

Identifica el contexto cultural Para entender mejor un mito o un cuento folclórico entiende la cultura de la que viene. Lee las notas que acompañan al texto para aprender más sobre esa cultura.

Predice Busca claves en el texto para predecir qué va a pasar más adelante. Revisa tus predicciones a medida que lees para saber si eran correctas.

Reconoce el propósito del narrador Saber por qué se cuenta un mito o cuento folclórico te ayudará a entender a sus personajes y acciones.

32.4 *Leer de varias fuentes*

Puedes encontrar todo tipo de información en una variedad de fuentes, como libros, revistas, páginas web, periódicos, cartas, discursos y en muchos otros formatos. Si te familiarizas con las diferentes fuentes de información, podrás investigar y aprender diferentes temas.

Lee diarios personales y cartas

Los diarios personales y las cartas son relatos de sucesos y situaciones en primera persona, o sea desde el punto de vista del autor. Muchos diarios personales y cartas se publican después de la muerte de sus autores, con el permiso de sus familias. Recuerda que la información expresada en estas fuentes primarias generalmente refleja las opiniones del autor y no siempre incluye datos verificables.

Lee periódicos

Los periódicos son una buena fuente de información sobre temas actuales y cuestiones en tu comunidad, en los Estados Unidos y en todo el mundo. Cuando leas un periódico, recuerda que sus diferentes secciones tienen diferentes propósitos. Las páginas con opiniones editoriales presentan puntos de vista personales sobre diferentes cuestiones. Las otras secciones dan información no tendenciosa sobre diferentes temas como economía, deportes, artes y otros temas.

Lee transcripciones de discursos y entrevistas

Un transcripcion es una copia escrita de un discurso o una entrevista, es decir, de lo que dijo alguien en algún momento. Puedes obtener transcripciones de discursos importantes en tu biblioteca. Los transcripciones de entrevistas generalmente se encuentran en los medios que realizaron la entrevista. Tanto los discursos como las entrevistas presentan el punto de vista de una persona sobre determinadas cuestiones. A diferencia de los diarios personales y las cartas, las entrevistas se hacen para ser publicadas.

Lee formularios y solicitudes

Uno de los propósitos prácticos de la lectura es completar formularios y solicitudes. Lee estos documentos cuidadosamente antes de escribir la información que te piden. Llenar formularios y solicitudes correctamente puede contribuir a que recibas una respuesta más rápidamente.

Lee textos electrónicos

Cuando leas una página web, recuerda que debes usar todas las estrategias de lectura que usas al leer un texto. Evalúa si la información puede verificarse, si el autor conoce el tema sobre el que escribe. Determina también si la página es presentada por una compañía que quiere hacerte pensar de una cierta manera. Siempre que leas lo debes hacer críticamente.

◆ Reflexiona sobre lo que leíste

Luego de haber practicado las estrategias de lectura durante aproximadamente una semana, escribe un párrafo sobre tu experiencia. Usa estas preguntas como guía:

- ¿Qué secciones de mis libros de texto me fueron más útiles?
- ¿Qué pasos del método SQ4R me fueron más útiles?
- ¿Qué organizadores gráficos usé recientemente para organizar ideas o explicar el desarrollo de una historia?
- ¿Cómo me ayudó a analizar y evaluar textos de no ficción la destreza de leer críticamente?
- ¿Qué destrezas para leer ficción me resultaron más útiles? ¿Qué destrezas me resultaron más difíciles?

Estudio, consultas y pruebas

Estudiar, investigar, tomar pruebas, todas éstas son importantes destrezas que desarrollas en la escuela. La mayoría de estas destrezas también te van a ser útiles más adelante en tu trabajo o en tu vida personal. En este capítulo vas a aprender a aprovechar tu tiempo de estudio, y a ampliar tus destrezas para buscar información; y también recibirás valiosas sugerencias para mejorar tus calificaciones en las pruebas.

33.1 Destrezas básicas de estudio

Para estudiar bien necesitas tiempo, organización y práctica. Necesitas estudiar en un lugar adecuado, llevar un registro de tus proyectos y tener un cuaderno para tomar notas de una manera organizada.

33.2 Destrezas para consultar información

Vives en lo que se ha dado en llamar la "Era de la información". Para acceder a la enorme cantidad de información que hay disponible, necesitas desarrollar tus estrategias de referencia.

◆ La biblioteca

La mayoría de bibliotecas escolares y públicas tienen a tu disposición al menos algunos de estos recursos. Procura usarlos.

- **Catálogo de tarjetas.**
- **Catálogo impreso.**
- **Catálogo electrónico.**

◆ Usar publicaciones periódicas, índices de periódicos y archivos verticales

Las publicaciones periódicas son aquéllas que se publican a determinados intervalos, como los periódicos (todos los días) y las revistas (semanalmente, cada mes, etc.) Para hallar artículos publicados en periódicos o revistas tienes que consultar el índice de periódicos. Puedes hallar esta información en folletos que se guardan en los archivos verticales.

◆ Usar diccionarios

Un diccionario te dice el significado de una palabra, su pronunciación, cómo se usa en oraciones y, a veces, su historia. Ten en cuenta que existen varios tipos de diccionarios y que las entradas de cada palabra aparecen en orden alfabético.

◆ Usar otras obras de consulta

La mayoría de las de consulta, ya sean impresas o electrónicas, tienen su propia sección en las bibliotecas. Éstas son algunas de las obras de consulta más comunes:

- **Enciclopedias**
- **Anuarios y almanaques**
- **Atlas**
- **Diccionarios de sinónimos**

◆ Usar Internet

La Internet es una red mundial de millones de computadoras conectadas entre sí por medio de cables telefónicos. Cuando entras en línea *(on-line)* y te conectas con Internet tienes acceso a una cantidad casi ilimitada de sitios web donde existe una cantidad increíble de información. Cada sitio tiene su propia dirección o URL (Universal Resource Locator) y consiste en varias páginas de texto y elementos visuales. Algunos sitios también tienen sonido y videos. Generalmente, puedes copiar toda la información de estas páginas en tu computadora.

→ Concepto clave

Puedes usar Internet para buscar toda clase de información, pero recuerda que siempre debes verificar esta información. Las siguientes son algunas sugerencias para usar Internet:

- Si conoces la dirección, o URL, de un sitio, simplemente tecléala y tu programa buscador lo localizará.
- Lee revistas que tengan artículos sobre Internet para hallar direcciones que te puedan interesar.
- Si no conoces un sitio específico, puedes hacer una búsqueda general. Haces esto tecleando una o más palabras clave del tema que te interesa.
- Recuerda guardar en tu computadora las direcciones que te interesan para poder volver a ellas fácilmente.

33.3 Destrezas para tomar pruebas

◆ Responder a preguntas objetivas

→ Concepto clave

Conoce los diferentes tipos de preguntas que te pueden hacer en las pruebas y las destrezas para responderlas.

Preguntas de opción múltiple Este tipo de pregunta te pide que elijas la respuesta correcta entre cuatro o cinco opciones. Usa estas destrezas para este tipo de preguntas:

- Trata de contestar la pregunta antes de leer las opciones. Si tu respuesta es una de las opciones, elige esa opción.
- Elimina las opciones que estás seguro de que son incorrectas, tachándolas si puedes escribir en la hoja de prueba.
- Lee todas las opciones antes de contestar las preguntas. Estas preguntas con frecuencia tienen dos respuestas posibles, pero sólo una es la correcta.

Preguntas de correspondencia Este tipo de preguntas requiere que hagas corresponder elementos de un grupo con elementos de otro. Sigue esta estrategia:

* Cuenta los elementos de cada grupo para ver si sobra alguno. Lee con cuidado las instrucciones para ver si los elementos se pueden usar más de una vez.
* Lee todos los elementos antes de contestar.
* Haz corresponder primero los elementos que conoces.
* Luego, haz corresponder los elementos sobre los que no estás tan seguro.

Preguntas de respuesta cierta o falsa Para responder si una declaración es cierta o falsa, usa estas destrezas:

* Si una declaración parece cierta, asegúrate de que lo sea.
* Presta especial atención a la palabra **not,** que frecuentemente cambia todo el significado de una oración.
* Presta atención a las palabras *all, always, never, no, none, only*. Estas palabras frecuentemente hacen que una declaración sea falsa.
* Nota las palabras *generally, much, many, most, often, some, usually*. Estas palabras con frecuencia hacen que una declaración sea cierta.

Preguntas para completar En las preguntas para completar, debes dar una respuesta en tus propias palabras. La respuesta puede consistir en completar una oración o simplemente contestar una pregunta. Usa estas destrezas:

* Lee la pregunta o la declaración incompleta cuidadosamente.
* Si estás respondiendo a una pregunta, cambia la pregunta a una declaración e inserta mentalmente tu respuesta para ver si tiene sentido.

Hallar relaciones en analogías En una analogía te piden que halles pares de palabras que expresan una relación similar. Algunas de las relaciones pueden ser: de parte a todo, de secuencia, de proximidad, de clase, de sinónimos o de antónimos.

◆ Responder preguntas por escrito

En algunas preguntas tienes que escribir una respuesta en vez de simplemente elegir la respuesta correcta. Identifica este tipo de preguntas antes de empezar la prueba. Reserva suficiente tiempo para contestarlas completamente.

→ Concepto clave

Reserva suficiente tiempo y espacio para responder completamente a este tipo de preguntas.
Identifica palabras clave Estate atento a palabras como *discuss, explain, identify*. Por regla general, estas palabras señalan las preguntas que debes contestar por escrito.
Verifica el espacio En algunas pruebas te dan un cierto número de renglones en los que escribir tu respuesta. Pregunta si ése es todo el espacio que tienes o si puedes usar otra hoja de papel. Si el espacio es limitado, ajusta tu respuesta para que entre en él.
Contesta sólo a la pregunta No escribas todo lo que sabes sobre un tema. Si la pregunta te pide que identifiques y expliques tres pasos de un proceso, haz eso y nada más. Si incluyes información adicional, aunque sea correcta, puedes perder puntos.

◆ Tipos de pruebas estandarizadas

Además de las pruebas de las materias que estudias, también vas a hacer otras pruebas estandarizadas, que toman todos los estudiantes de Estados Unidos. Las siguientes son algunas descripciones de estas pruebas:

PSAT Esta prueba o examen se toma antes que la prueba SAT. Todos los estudiantes del país hacen esta prueba. El PSAT te dará la oportunidad de practicar para el SAT. Ambos exámenes tienen casi el mismo formato, con la excepción de que el PSAT tiene menos secciones y que tiene secciones que examinarán tu conocimiento de uso y puntuación del lenguaje, que el SAT no tiene.

SAT Muchas universidades usan los resultados de esta prueba como un factor importante para aceptar estudiantes. Se da en todo el país, una vez al mes, de octubre a junio, con excepción de febrero. Si no estás satisfecho con tus notas en el SAT, puedes hacer la prueba de nuevo. Sin embargo, las universidades reciben todas las notas que sacaste en esta prueba, desde las más antiguas hasta las más recientes. El SAT tiene una sección de matemáticas y una sección verbal. La parte verbal tiene las siguientes secciones:

1. **Completar oraciones** Estas preguntas prueban tu conocimiento del idioma al pedirte que completes una oración o pasaje con la palabra apropiada.
2. **Preguntas sobre analogías** En estas preguntas tienes que hallar pares de palabras que expresan una relación similar.
3. **Preguntas de lectura crítica** Éstas son preguntas de opción múltiple, relacionadas con un par de pasajes que debes leer antes de contestarlas.
4. **Secciones de escritura** En estas secciones deberás escribir sobre algún tema.

ACT Ésta es otra prueba que usan las universidades como un factor para aceptar estudiantes. Todas las preguntas son de opción múltiple y son sobre inglés, matemáticas, lectura, ciencias y razonamiento crítico. La parte de inglés te pide que identifiques errores gramaticales, de uso, de puntuación, lógica y organización. La parte de lectura te da cuatro pasajes sobre diferentes temas, seguidos de preguntas que prueban tus estrategias de lectura y de razonamiento.

◆ Reflexiona sobre tus estrategias de estudio, para hacer consultas y tomar pruebas

Las siguientes preguntas te ayudarán a determinar lo que has aprendido sobre tus estrategias de estudio, para hacer consultas y tomar pruebas:

- ¿Cuáles de las estrategias te parecieron nuevas o poco comunes? ¿Cómo te puede ayudar a mejorar tu nivel académico usar estas estrategias?
- ¿Qué estrategias usas actualmente? ¿Por qué te sientes más cómodo con estas estrategias o por qué te parecen útiles?

CAPÍTULO 34

El trabajo

Muchas de las destrezas que contribuyen a que tengas éxito en la escuela también te servirán para ser exitoso en tu trabajo. Ya sea que tengas que tratar con el público, investigar y desarrollar nuevos productos o trabajar en algún oficio, tus destrezas para hablar, escribir, leer, escuchar y tratar con gente de una manera efectiva tendrán gran importancia para que tengas una carrera productiva.

Este capítulo te ayudará a desarrollar nuevas destrezas o a mejorar las que ya tienes en áreas importantes, como, por ejemplo, comunicarse con otras personas, establecer y alcanzar metas y resolver problemas.

◆ Trabajar con gente

En la escuela aprendes a trabajar con tus compañeros y maestros. En tu lugar de trabajo deberás relacionarte con tus supervisores, compañeros de trabajo y clientes de una manera profesional y efectiva.

Aprender a comunicarse con otros

En una entrevista de trabajo o al tratar con tus amigos, necesitas usar tus destrezas de comunicación.

En la entrevista

Cuando solicitas a una universidad que te acepte como estudiante, cuando compites con otras personas por un trabajo o pides ser parte de un club de la escuela, el saber qué hacer durante una entrevista aumentará la probabilidad de que te acepten. Sigue estas sugerencias:

Antes de la entrevista

1. Averigua cuándo y dónde se realizará la entrevista y el nombre de la persona que te entrevistará.
2. Lleva referencias y una copia de tu curriculum.
3. Infórmate sobre la compañía, grupo, universidad o persona con la que tienes la entrevista.
4. Lleva ropa limpia y adecuada para la entrevista.

Durante la entrevista

1. Sonríe y mira a la persona que te entrevista.
2. Responde y pregunta de manera cortés y breve.
3. Da las gracias a la persona que te entrevistó y pregúntale cuándo van a tomar una decisión.

1. Escribe una carta en la que repites tu interés en el trabajo, grupo o universidad y agradece la atención que te dieron.
2. Cuando se acerque la fecha en que deben tomar la decisión, llama por teléfono para averiguar si tienen noticias para ti.

Tratar con gente efectivamente

Una comunicación efectiva requiere que seas respetuoso y considerado con otras personas.

- **Considera el punto de vista de la otra persona.**
- **Escucha sin interrumpir.**
- **Pregunta para aclarar tus dudas.**
- **Respeta las diferencias.**
- **Expresa tu desacuerdo sin ofender.**
- **Se cortés y ten una actitud profesional.**

◆ Aprender a trabajar en equipo

Para que un proyecto de equipo tenga éxito, todas las personas del equipo deben trabajar juntas para alcanzar un objetivo común. Si bien las personalidades y opiniones de los integrantes del equipo pueden variar, los esfuerzos de todos los integrantes deben estar dirigidos hacia la meta común.

◆ Alcanzar metas

Cumplir las metas, es decir los fines alcanzables y evidentes que te fijas, puede llevarte mucho o poco tiempo. También pueden ser muy diferentes, desde mejorar tus calificaciones hasta llegar a ser presidente de tu clase o conseguir un trabajo en una tienda de tu comunidad. A medida que te fijas metas para distintas etapas de tu vida, es posible que algunas de ellas sean incompatibles. Tú debes decidir cuál de las metas es más importante para ti.

◆ Resolver problemas y ser creativo

Ya sea que estés tratando de alcanzar una meta personal o una profesional, seguramente se te presentarán problemas. Recuerda que no todos los problemas se podrán resolver de la manera en que a ti te gustaría. A veces, resolver problemas significa tener que aceptar un compromiso, cediendo parte de lo que querías, o hallar una solución que no habías considerado al principio.

◆ Administrar tiempo

Cualquiera sea la profesión que elijas, sin duda vas a encontrarte con tareas que deberás completar dentro de un cierto tiempo. Saber cómo administrar bien tu tiempo puede ser la diferencia entre poder completar las tareas o no.

◆ Administrar dinero

Para mantener tus gastos bajo control, puedes hacer un presupuesto o plan de gastos. Desde el ejecutivo a cargo de finanzas de un banco importante hasta el administrador de una pequeña oficina, muchos empleados deben registrar los gastos realizados y mantenerse dentro de un presupuesto.

◆ Usar las estrategias matemáticas

Cuando comiences a usar las estrategias matemáticas que aprendiste en clase, descubrirás que las matemáticas tienen muchas aplicaciones prácticas y que ellas, junto con un conocimiento de computadoras, serán una ventaja en cualquier profesión que sigas.

◆ Usar las computadoras

Cuanto más sepas sobre tu computadora, más útil te será. Debes comenzar practicando en el teclado, para escribir rápidamente y sin errores. Luego, aprende los elementos de formato. Tal vez hasta quieras aprender algunos programas más complicados, como las hojas de cálculo o aplicaciones gráficas.

◆ Reflexiona sobre tus estrategias del trabajo

Piensa en tu preparación para trabajar. Empieza respondiendo a estas preguntas:

- ¿Qué secciones de mis libros de texto me fueron más útiles?
- ¿Qué pasos del método SQ4R me fueron más útiles?